Così dolce, così perversa

sceneggiatura di Ernesto Gastaldi

SCENA 1

TIRO AL PIATTELLO. ESTERNO GIORNO

Un piattello lucido solca il cielo lanciato dal meccanismo a molla. Uno sparo. II piattello si infrange centrato in pieno.

Sulla pedana di tiro, Jean Reynaud col fucile imbracciato. Spara di nuovo.
Un altro piattello si spezza in minuti frammenti contro l'azzurro terso del cielo

Ancora un altro piattello. Un nuovo sparo echeggia sul dolce declivio del prato, più sonoro per la chiostra di monti che chiude il paesaggio in lontananza.

Un applauso sottolinea il terzo ed ultimo centro di Jean, che abbassa il fucile con un sorriso soddisfatto sul bel volto abbronzato dal sole.
Un gruppetto di amici si fa incontro a Jean che sorride all'ingegner Valmont, che stringe ancora tra le mani un fucile.

JEAN
Venti su venti, Valmont!

L'ingegner Valmont, vestito con un perfetto abito da sportsman, fa una smorfia un po' acida e ribatte

VALMONT

Sei un rompipiatti imbattibile, Jean. Un razionale, freddo, meticoloso rompipiatti. Ma sparare con un pericolo davanti è un'altra cosa.

Intanto il gruppetto di amici ha raggiunto i due. La prima a felicitarsi con Jean è Helene, la moglie di Valmont, bellissima e sofisticata signora. Stringe il braccio di Jean e lo guarda con l'intenzione di dar più significato alle parole.

HELENE

Sarebbe ancora più bravo. Il pericolo esalta le qualità di un uomo.

Qualcuno degli amici ride. Una giovane donna., molto minivestita, civetta.

GIOVANE DONNA

C'è solo una cosa che esalta gli uomini.

VALMONT

Un vero tiratore lo si vede sul vivo... Io ho provato in Kenia. Qui i piatti li rompo anch'io ma tener ferma la mano quando una belva ti piomba addosso... eh, cambia tutto!

Jean alza le spalle. mentre tutto il gruppo Si avvia verso i lussuosi locali del club.

HELENE

E' una vera e propria sfida. Che fai Jean, si combina?

Jean guarda Helene con uno sguardo carico di sottintesi.

JEAN
Ma sì . Uno di questi week-end..

Helene sorride a Jean in modo particolare.

HELENE
Ti prendiamo in parola, Jean. Sarà tutto più eccitante.

SCENA 2

ALCOVA DI LUSSO. INTERNO GIORNO

Il P.P.P. di Jean suggerisce continuità alla scena e la sua prima battuta sembra suonare risposta a quella della scena precedente.

JEAN
La cosa più eccitante è scoprire che è sempre più difficile eccitarsi.

si china a sfiorare con le labbra il corpo nudo di una donna che giace accanto a lui.

Anche Jean è seminudo nella luce rossastra dell'alcova.

Il corpo della donna freme appena sotto il bacio, poi una mano della donna afferra Jean per i capelli e gli alza la faccia costringendolo a guardare negli occhi la sua partner che è Helene.

HELENE
Con me ci riesci ancora?

Jean non dice né sì né no e la donna lascia la presa sospirando:

HELENE
Hai ragione. E' una domanda troppo impegnativa. Però mi piacerebbe far l'amore con te in Africa... nudi nella foresta vergine come nel giorno della creazione.

Jean si alza e sorride ironico,

JEAN
Allora eravamo vergini tutti.

Helene gli tira un cuscino e poi chiede:

HELENE
Comunque combiniamo. So che anche Danielle aveva una mezza idea di andarci per Natale.

Jean si sta rivestendo e guarda l'ora, aggiunge distratto

JEAN
Ecco brava, combina con mia moglie, poi mi fai sapere.

si china a sfiorare con un bacio indifferente le labbra di Helene che lo trattiene

HELENE

Senti, a proposito di quei soldi.. lascia perdere ancora un po'...

JEAN

Ho anch'io i miei impegni.... vedrò che posso fare.

SCENA 3

VIA LAFORGUE. ESTERNO TRAMONTO

Il sole rosso accende i vetri del bel palazzo di via Laforgue in cui abita Jean.

A bordo di una. Lamborghini fiammante Jean si ferma davanti l'ingresso del palazzo. C'è una grossa berlina e una coppia vi sta salendo, mentre il guardiano del garage finisce di sistemare delle grosse valige nel portabagagli. Saluta

GUARDIANO

Buone vacanze. Buon viaggio.

Jean esce sorridendo al guardiano.

JEAN

Stasera non mi serve. Dagli una pulita.

GUARDIANO

Va bene, signor Reynaud.

Jean si avvia verso l'ingresso del palazzo mentre il guardiano si mette al volante dell'auto e la guida giù per il piano inclinato che porta al. garage sotterraneo.
Jean entra nel palazzo.

SCENA 4

INGRESSO PALAZZO JEAN. INTERNO TRAMONTO

Jean dà un'occhiata alla guardiola della portineria, ma non c'è nessuno. Va verso l'ascensore a mette la mano sulla maniglia. Si ferma:

oltre i vetri della porta chiusa dell'ascensore, illuminata dalle luci interne, una donna. Un volto quasi diafano, incorniciato da morbidi capelli biondi ondulati e illuminato da. due grandi occhi spauriti.

E' la visione di un. attimo, perché l'ascensore si mette in moto portando verso l'alto la giovane donna: i suoi occhi si sono fissati per un secondo in quelli di Jean che ha sentito tutto il fascino di
quello sguardo, strano quasi liquido.

Jean ci resta male, stava per tentare di farsi aprire, per salire insieme alla bella sconosciuta, ma lei lo ha preceduto pigiando il bottone di salita. Ora guarda. le lucette che si accendono sul quadrante indicanti il percorso dell'ascensore:

TERZO... QUARTO.   QUINTO PIANO

Jean è perplesso, ascolta il rumore della porta dell'ascensore che si apre e si chiude. Preme il pulsante di chiamata e l'ascensore riprende a scendere.

VOCE PORTIERE
Buona sera signor Reynaud.

Jean si volge e chiede al portiere che gli sorride gallonato e. col berretto, in mano.

JEAN
Ma hanno affittato al quinto piano? Il superattico...

PORTIERE
Sì, ieri.

JEAN
Mia moglie sarà seccata. Pensava di prenderlo lei per unirlo al nostro con una scala interna.

PORTIERE
L'ha affittato una donna sola. L'ha preso senza neppure vederlo.

Jean entra nell'ascensore senza altri commenti e il portiere si inchina lievemente e chiude la porta.

SCENA 5
ASCENSORE. INTERNO

Jean preme il pulsante del QUARTO PIANO

L'ascensore sale.

Jean si dà un'occhiata nello specchio incastonato sulla parete di fondo e qualcosa che luccica sul fondo dell'ascensore attira la sua attenzione.

Si china e raccogliere il piccolo oggetto. Lo esamina rigirandoselo fra le dita: é una minuscola icona d'oro smaltato probabilmente il ciondolo di un bracciale.

Jean si lascia scivolare sul palmo della mano il bizzarro pendaglio, poi ci giocherella sorridendo fra sé: forse appartiene alla ragazza del superattico.
L'ascensore si ferma al quarto piano. Jean dopo un attimo di esitazione preme il pulsante del quinto piano.

SCENA 6

PIANEROTTOLO APPARTAMENTO NICOLE. INTERNO SERA

Jean esce dall'ascensore e guarda verso l'unica porta. E' chiusa, senza etichetta nel porta targa. Jean preme il pulsante del campanello.

Il trillo rimbomba all'interno e Jean resta in attesa con un sorriso predisposto sulle labbra. Giocherella con l'icona che é la sua scusa per far conoscenza.

Ma da dietro quell'uscio non viene alcun rumore. Jean torna a suonare, più a lungo, questa volta.

Il trillo del campanello è chiarissimo, Jean tende l'orecchio: niente si muove all'interno. Pigia altre due volte sul campanello.

Niente. Deluso, Jean sospira e gira sui tacchi. Torna verso le scale.

E' giunto sul primo gradino quando un lieve rumore proveniente da dietro l'uscio lo fa voltare di scatto. Ma tutto é già tornato silenzio. Jean decide di non esitare oltre, dà una scrollata di spalle e scende in fretta verso il suo appartamento.

SCENA 7

APPARTAMENTO JEAN. INGRESSO

La chiave gira nella toppa. La porta si apre dando un colpo di luce al lussuoso ingresso dell'appartamento di Jean, che entra richiudendo l'uscio e restando un attimo immobile nella penombra. Ascolta. La casa sembra vuota. Mette in tasca la piccola icona e si avvia attraverso un lungo corridoio, camminando senza rumore sulla moquette a pelo lungo che copre il pavimento.

SCENA 8

CAMERA DA LETTO JEAN. INTERNO SERA

Danielle si sta passando il pettine nei suoi lunghi capelli sciolti sulle spalle nude, perduta nel suo stesso sguardo davanti al grande specchio della toilette,

E' bella, sensuale, ma ha negli occhi qualcosa di freddo e penetrante. Indossa, un negligé trasparente che sottolinea tutte le forme perfette del suo corpo.

Danielle continua a pettinarsi con gesto lento, quasi una carezza, rapita nell'esame soddisfatto dell'immagine che le rimanda il grande specchio.

E' in esso, dalla penombra del fondo, che ella vede apparire Jean che si ferma sulla soglia, là dove la sua immagine sembra esitare tra spettro e realtà.

Danielle non si volta, non lo guarda. Sembra non vederlo, certamente non se ne cura.

Jean resta immobile, senza materializzarsi nell'abisso dello specchio, senza sparire.

I gesti di Danielle continuano la loro danza che ha un sapore erotico. Si alza i capelli sulla nuca, fissa in alto. La mano indugia sul collo lungo, perfettamente tornito, scende al seno.. Danielle si ammira, ma perversamente si diverte a sentire e non sentire quell'altro sguardo che ha su di sé.

Danielle si mette in testa una parrucca nera, egiziana, che le scende in due lunghe bande sul davanti. Con una mossa noncurante si libera le spalle dal negligé che si raccoglie a corolla intorno ai suoi piedi. Si guarda.
Il volto di Jean resta impassibile, distaccato. Ma la sua immobilità è già un. segno di interesse, il suo sguardo freddo deve costargli fatica.

Danielle getta la parrucca e resta stupendamente nuda, davanti allo specchio mentre se ne infila un'altra di riccioli castani.
Si diverte ad assumere posizioni graziose davanti allo specchio, si sorride soddisfatta.

Jean viene avanti e non fa rumore sulla folta moquette. Danielle lo fissa nello specchio e lui incrocia, quello sguardo riflesso sostenendolo

Per un attimo restano l' uno vicino all'altra eppure in qualche modo estranei., lontani con quel guardarsi attraverso lo specchio

Jean le sfiora le spalle con le mani, poi scende in una carezza lungo il corpo, più indovinata che vista.

Ma lo sguardo di Danielle resta freddo, quasi duro. Lascia fare, come per dimostrare che quelle mani non hanno potere alcuno su di lei.
Jean la sente ostile, gelida. La afferra per le anche e la volta verso di sé con rabbia, con foga di possesso .Danielle gli dice con disprezzo

DANIELLE
Qualche amichetta che ti ha scaldato il sangue, oggi?

Le parole di Danielle gelano Jean che fissa la moglie in modo strano.

JEAN
Troppo ironica per sembrare gelosa. Potrei risponderti che cerco fuori quello che non trovo a casa.

Danielle si volta di nuovo verso lo specchio, calma, fredda, lontana. Riprende a pettinarsi, a giocare con le parrucche, come se l'argomento non la interessasse più.

Indispettito, irritato, Jean si lascia, cadere sul letto. Ci resta un attimo immobile e poi guarda il posto vuoto accanto a sé. Allunga una mano a toccarlo, quasi in un istintivo bisogno di sentirsi in qualche modo più vicino alla moglie.

JEAN
Perché mi hai sposato, Danielle?

la donna alza le spalle

DANIELLE

Difficile da dire, adesso probabilmente sentivo il fascino della tua virilità.

JEAN

Delusa?

DANIELLE

No, in fondo non ci ho mai creduto veramente... il potere del maschio é finito nel secondo ottocento.

Danielle si ammira davanti allo specchio, fa coppa con le mani sul seno e si guarda .

Jean la fissa senza muoversi, tira fuori un portasigarette d'oro e lo apre. Sfila una sigaretta e se la mette fra le labbra, poi guarda il portasigarette che all'interno porta incastonata una bella fotografia di Danielle sorridente. Jean ha un sorriso di amara ironia e commenta.

JEAN

Ti ricordi. di questo? Mi hai detto di tenerlo sempre, per tutta la vita.

si mette a sedere, sempre col portasigarette in mano e chiede alla foto di Danielle:

Che è successo Danielle? Che ti ho fatto?

fissa la foto come se si aspettasse una risposta. Danielle lo guarda incuriosita

DANIELLE

Mentre aspetti che il portasigarette ti risponda, io mi faccio una doccia...

e se ne va. seguita dallo sguardo accorato di Jean.

Il suono di un oggetto di coccio che si infrange al piano di sopra, giunge nettissimo attraverso il soffitto.

Jean alza gli occhi. Altri rumori, dei passi, un suono sordo di voci concitate: una maschile e una femminile. Una porta che sbatte. Poi silenzio. Jean è perplesso

SCENA 9

CAPANNONE INDUSTRIA CHIMICA. INTERNO GIORNO

Complessi ed enormi macchinari che manipolano composti colorati e non identificabili,

Alcuni tecnici in camice bianco stanno seguendo Jean che sta accompagnando un gruppo di visitatori tedeschi attraverso la fabbrica

C'é anche un fotografo che di tanto in tanto scatta qualche flash.

Jean indica di volta in volta alcune fasi della lavorazione, le grandi autoclavi, le cisterne e spiega con disinvoltura in un fluente tedesco.

JEAN (in perfetto tedesco)
La riduzione del glutatione ossidato richiede riducenti piuttosto energici. La possibilità di essere ossidato e ridotto enzimaticamente dà al glutatione la possibilità di fungere da trasportatore biologico di idrogeno.

I tedeschi prendono appunti.

Un impiegato attira l'attenzione di Jean con un cenno. Jean risponde con un movimento della testa autorizzandolo a farsi avanti

IMPIEGATO.
Al telefono, ingegnere.

Jean annuisce e fa segno ad uno dei tecnici col camice bianco di sostituirlo nelle mansioni di guida.

JEAN (in tedesco al capo delegazione)
Col vostro permesso, torno subito.

CAPO DELEGAZIONE (sorridente)
Bitte...

SCENA 10

UFFICIO JEAN. INTERNO GIORNO

Lussuoso, modernissimo ufficio, dalle cui vetrate si vedono i tetti dei giganteschi capannoni.
Una segretaria porge la cornetta del telefono a Jean dicendogli.:

SEGRETARIA
Sua, moglie, ingegnere... è arrivato il rappresentante di Londra... attende in salotto.

Jean annuisce, prende il telefono

JEAN
Danielle?

VOCE DANIELLE,
Scusa se ti disturbo. Volevo solo ricordarti che stasera siamo a cena dagli Charrier. Io vado dal visagiste e poi ti aspetto là .

Jean ascolta tenendo il telefono pizzicato tra le spalle e l'orecchio, intanto fa cenno a un'altra segretaria apparsa sulla soglia di entrare.
La prima segretaria va a tenere la cornetta telefonica a Jean che le sorride di gratitudine.
La seconda segretaria sottopone a Jean una cartella colma di carte da firmare.

Jean firma mentre lei gli gira un foglio dopo l'altro. La voce di Danielle giunge confusa come un disturbo.

Jean si ferma ad esaminare una carta, poi mette una mano sul microfono e dice alla seconda segretaria.

JEAN

Le avevo dato un appunto per la fornitura di Stoccolma.

La segretaria, lo fissa desolata e Jean si ricorda:

Ah no . devo averlo ancora io.

Leva la mano dal microfono e dice senza ascoltare quello che dice Danielle.

Scusa Danielle, oggi é una giornataccia.

poi alla seconda segretaria, tendendole un foglio che si é pescato in tasca

Eccolo... si attenga alle disposizioni .

nel tirare fuori il foglietto qualcosa é caduto sulla moquette accanto alla scrivania.

La prima segretaria, badando a non spostare il telefono che tiene ancora in favore di Jean, si china a raccogliere: é la piccola icona trovata da Jean nell'ascensore, il giorno precedente.

Jean la vede e sorride alla segretaria che gliela posa sulla scrivania. Intanto presta. attenzione alle parole di Danielle.

VOCE DANIELLE

Ti stavo dicendo dell'attico sopra. di noi... Il portiere mi ha. chiesto indietro la chiave che ci aveva dato per visitarlo, ma nel cassetto non c'è più. Dove l'hai messa?

JEAN

Sta nel...

giocherella con l'icona poi la osserva tenendola tra le dita.

...adesso non mi ricordo... non ti preoccupare pol la cerco io...

DETTAGLIO dell'icona trovata in ascensore. Sul dettaglio c'è un gioco di luci a ombre in senso verticale e le dita di Jean la fanno ruotare su se stessa.

SCENA 11

ASCENSORE CASA JEAN. INTERNO

Senza soluzione di continuità dalla scena precedente.

Jean sta guardando l'icona con cui giocherella mentre l'ascensore lo porta verso l'alto.

Jean soppesa l'icona sul palmo della mano poi se la ficca in tasca con una smorfia, come a dire che non vale la pena di pensarci.
L'ascensore si ferma al quarto piano e Jean esce sul pianerottolo del suo appartamento.

SCENA 12

PIANEROTTOLO CASA JEAN. INTERNO GIORNO

Jean infila le chiavi nella porta del suo appartamento. L'ascensore, richiamato dal piano di sopra, sale verso il quinto piano.
Jean fissa indeciso: l'indicatore luminoso che ora, indica

"5".

Ascolta ma non si sente nulla: chi ha chiamato l'ascensore non l'ha aperto. Intrigato e incuriosito, Jean si affaccia sulla rampa di scale che porta al superattico.

Sale qualche gradino e guarda oltre il mancorrente.

SCENA 13

PIANEROTTOLO NICOLE. INTERNO GIORNO

Come visto da Jean, sulle scale: con gli occhi al livello del pavimento:

L'ascensore é fermo al piano, ma non c'è nessuno. Anche la porta dell'appartamento è chiusa.

Tutto è silenzio, come se l'ascensore fosse salito da solo, chiamato da un fantasma,

SCENA 14

PIANEROTTOLO CASA JEAN. INTERNO GIORNO

Jean fissa esitando ancora per un attimo il pianerottolo soprastante deserto, poi scende i pochi gradini che aveva salito e rimette la chiave nella serratura della porta del suo appartamento.

Gira la chiave.

SCENA 15

APPARTAMENTO JEAN. BAGNO. INTERNO GIORNO

DETTAGLIO: un registratore appoggiato su. una mensola maiolicata trasmette in sordina l'adagio di Albinoni.
Sulla musica, si ode il ronzio monotono di un rasoio elettrico. E' Jean, seminudo, che si sta rasando davanti la specchiera.

D'un tratto il rumore sordo di un colpo proviene dal piano di sopra e Jean tende l'orecchio. Premendo un tasto ferma il registratore. Resta solo il ronzio del rasoio elettrico. Tutto è silenzio.

Colpito da un'idea improvvisa Jean posa il rasoio sulla mensola e corre fuori dalla stanza

SCENA 16

APPARTAMENTO JEAN. SALONE E STUDIO. INTERNO GIORNO

Jean, avvolto nell'accappatoio, ancora sgocciolante d'acqua, attraversa quasi di corsa il ampio soggiorno lussuosamente arredato, fa scorrere la grande paratia di legno che lo separa dallo studio e va alla scrivania.

Apre un cassetto e sotto alcune carte prende con sicurezza una piccola chiave legata ad un talloncino di plastica colorata.

Le sorride facendola dondolare e poi alza gli occhi al soffitto

Sempre facendo dondolare la chiave si dirige fischiettando verso la stanza da letto.

SCENA 17

CAMERA DA LETTO JEAN. INTERNO GIORNO

La piccola chiave ancorata al tassello di plastica colorata viene gettata accanto a un vestito scuro steso sulla coperta damascata del letto matrimoniale.

Jean, sempre fischiettando, comincia a vestirsi, apre una cassettiera e prende una delle molte camicie pronte. Se la infila, si infila i pantaloni del vestito scuro.
Dal superattico giunge un rumore di voci concitate.

Jean ascolta poi riprende a fischiettare e si allaccia i pantaloni e va alla cravattiera a scegliersi una cravatta.
Chiarissimo dal superattico proviene un urlo di donna. Un urlo breve spezzato soffocato da qualcosa. E poi il tonfo sordo di una sedia gettata a terra.
Jean molla la cravatta e corre fuori .

SCENA 18

PIANEROTTOLO APPARTAMENTO NICOLE. INTERNO GIORNO

Jean arrivai corsa alla porta chiusa del superattico.

Preme il campanello con forza, ripetutamente. Ascolta. Nessun rumore viene da dietro l'uscio.
Suona ancora. Bussa. Scuote l'uscio che non si apre.

Il suo sguardo va al pavimento. Si china lentamente e con la punta delle dita sfiora una macchia rossa: sembra sangue!

Jean si guarda le dita sporche di rosso e fissa perplesso la porta chiusa. Dal basso viene il suono del telefono che trilla.
Jean si sfrega le dita per saggiare la consistenza di quel liquido che sembra sangue.

SCENA 19

SALONE E STUDIO JEAN. INTERNO GIORNO

DETTAGLIO: il telefono sul tavolo dello studio suona ripetutamente.

La mano di Jean lo afferra e lo porta all'orecchio. Jean é appena un poco ansante.

JEAN

Pronto...

ma sente il "clic" della comunicazione interrotta.

Jean resta col ricevitore in mano, poi abbassa con le dita il tasto per liberare la linea e fa un numero.

JEAN

Casa Charrier... ah, buonasera, signora... Volevo scusarmi per stasera .. purtroppo mi é capitato un guaio in fabbrica.. sì, una grana grossa.. farò tardi. Mi può passare Danielle? Ah, non é ancora arrivata. Glielo dica quando arriva... grazie, signora... grazie, e mi scusi ancora.

Jean non vede l'ora di riattaccare: ha sentito l'ascensore salire al piano di sopra

Sì, certo, un'altra volta. adesso mi scusi... mi chiamano su un'altra linea.

Riattacca e tende l'orecchio: non si sente niente. Poi il rumore della porta dell'ascensore che si chiude. Jean corre in camera da letto.

SCENA 20

CAMERA DA LETTO JEAN. INTERNO GIORNO,

Jean irrompe nella stanza, afferra la giacca, vede la chiave ancora attaccata al tassello di plastica, la prende e poi corre fuori.

SCENA 21

PIANEROTTOLO APPARTAMENTO JEAN. INTERNO GIORNO

Jean esce dall'appartamento appena in tempo per vedere l'ombra scura dell'ascensore che passa scendendo verso il basso. Si infila la giacca e si precipita lungo le scale scendendo gli scalini a tre per volta.

SCENA 22

SCALE PALAZZO JEAN. INTERNO

Jean scende a veloci balzi le scale del palazzo, in gara con l'ascensore.

SCENA 23

INGRESSO PALAZZO JEAN. INTERNO TRAMONTO

Jean arriva correndo giù per le scale .
L'ascensore é fermo al pianterreno, la porta é chiusa, l'atrio dell'ingresso é deserto. Jean esita un attimo e poi corre fuori.

SCENA 24

VIA LAFORGUE. ESTERNO TRAMONTO

Jean corre fuori dal palazzo e si guarda intorno sperando di vedere la donna del superattico

Lungo i marciapiedi vanno e vengono alcune persone ma non c'è traccia della misteriosa ragazza.
Jean cammina rapidamente fino all'angolo del palazzo e dà un'occhiata nella strada adiacente, poi torna indietro lentamente, pensieroso.

Sull'angolo opposto, un uomo fissa con uno sguardo di gelida attenzione i movimenti di Jean. E' Klaus: il suo volto non tradisce alcun sentimento.
Jean non bada allo sconosciuto. Torna davanti all'ingresso del palazzo e alza lo sguardo alle finestre del superattico, velate da pesanti tendaggi accesi dai riflessi cuprei del tramonto.

Resta un attimo a guardare verso l'alto pensieroso. Giocherella senza badarci con la chiave che ha portato con sé. Poi realizza di avere quella chiave, quella che apre la porta del superattico e che potrebbe aprirgli anche una parte del mistero.

Guarda il talloncino di plastica che ciondola sospeso alla chiave e poi sorride a se stesso e rientra deciso nel palazzo.

Il volto di Klaus é sempre attento, enigmatico.

SCENA 25

APPARTAMENTO NICOLE. INTERNO SERA

L'ingresso dell'appartamento é molto scuro, si distinguono appena appese alle pareti alcune icone di sapore mistico.

Tutto é immobilità e silenzio.

il campanello fissato in alto, contro, la parete, suona ripetutamente. Il suo squillo non sembra riuscire a forare coltre di silenzio che pesa sulle cose.

Una chiave viene infilata nella toppa e dopo che tentativi a vuoto il chiavistello comincia a scorrere. Con un ultimo scatto secco la porta si apre.

L'uscio viene spinto di lato, lentamente. Jean sosta sulla soglia, incerto.

Guarda verso l'interno, dove le ombre della sera si addensano a rendere confuse e misteriose le cose. Chiede a mezza voce

JEAN

C'è nessuno?

a senza aspettare risposta, entra chiudendosi alle spalle la porta dopo aver recuperato la chiave.
Jean si avvicina. alla porta vetrata che mette nel soggiorno e la apre lentamente, spiando l'interno.
Il grande soggiorno, separato dall'ingresso della vetrata, é in penombra, I pesanti tendaggi alle finestre ostacolano la già debole luce della sera.
Jean ai muove in questa luce livida che sembra creare le ombre invece di distruggerle.

E' una strana atmosfera, quasi magica. Parte di essa é dovuta ai mobili cupi, di intonazione religiosa con cui è arredato l'appartamento. Grandi cassapanche, austeri inginocchiatoi, sbiadite immagini bizantine alle pareti. Una quasi completamente coperta da crocefissi di varie forme, tutti di taglio antico.

Jean resta affascinato a guardare quei mobili, così assurdi in un superattico moderno dove vive una giovane donna.

Sul fondo troneggiano un antico confessionale di noce intagliato. Jean si avvicina per guardarlo meglio: una tenda rossa di velluto ne cela interno. Jean osserva divertito i due inginocchiatoi laterali con gli sportelletti per le confessioni, poi fa scorrere la tenda per vedere dove di solito siede il confessore.

Jean resta perplesso a guardare: in bell'ordine, sono appesi all'interno del confessionale macabri attrezzi da tortura: fruste a più code, acuminati coltelli, ganci, lunghi spilloni, corde di seta, eco,

Jean fissa incredulo quell'armamentario, per vedere meglio entra nel confessionale e la tenda rossa gli scivola sulle spalle.

Jean tasta la punta di uno dei coltelli, prova a sfilarlo e quello docilmente gli viene in mano. Guarda le fruste, le altre armi: sono tutte pulite senza un filo di polvere, come se fossero adoperate di continuo.
Sente un rumore alle sue spalle: si volta di scatto e si trova impigliato nella tenda rossa, con un gesto affannoso se ne libera.

ZOOM sul volto di Nicole.

La donna è in accappatoio sulla soglia. della porta dietro la quale si apre la camera da letto. Quel viso che Jean ha appena intravisto oltre il vetro dell'ascensore é sconvolto dalla paura.
La donna urla ma la voce le viene meno e solo i grandi occhi sbarrati continuano il grido d'angoscia.

Jean si rende conto di come deve apparire la situazione alla giovane donna: lui, uno sconosciuto, sbucato da quella tenda con un coltello in pugno. Getta il coltello e tenta di avvicinarsi, sorridendo, per spiegarsi

JEAN

Non abbia paura... avevo la chiave e non ho resistito.

Nicole continua a fissare Jean con occhi sbarrati: le sue labbra sono scosse da un tremito di terrore. Si stringe l'accappatoio sul petto con tutta la sua forza come se temesse che da un momento all'altro Jean le salti addosso.
Vede Jean avvicinarsi sorridendo e arretra con un gesto convulso. Jean si ferma di scatto e la guarda interdetto. Sorride di nuovo.

JEAN

Davvero... non sono pericoloso.

tenta di scherzare ma la paura che legge in quegli occhioni sbarrati é troppo violenta, troppo drammatica per permettergli di continuare in quel tono mondano. Diventa, serio :

JEAN

Il mio comportamento non ha scuse...Ma le giuro che non... (poi con decisione) I*o abito al. piano di sotto... insomma, l'ho sentita gridare... Le é successo qualcosa?*

Nicole non sembra neppure ascoltare queste parole, continua a fissare Jean terrorizzata, stringendosi l'accappatoio addosso. Arretra verso la stanza da letto .

Jean sorride di nuovo, fa gesto di rassegnazione.

JEAN

Tutto questo può sembrare ridicolo... ma il mondo é diventato talmente banale che anche il minimo mistero mi.

Jean non trova le parole adatto e conclude

Ma non voglio importunarla oltre... però possiamo almeno presentarci.

Mi chiamo Jean Reynaud.

Jean muove un passo verso la donna che riuscita a portarsi oltre lo stipite della porta della camera da letto. Con un lampo di terrore, Nicole sbatte la porta in faccia a Jean che resta bloccato a mezzo gesto.
Jean fissa la porta che non é chiusa completamente: il comportamento di quella donna é strano, sia pure tenuto conto della situazione. Si stringe nelle spalle e si volta per andarsene, ma sente venire oltre l'uscio dei singhiozzi soffocati.
Si ferma di nuovo e spinge un poco la porta della stanza da letto:

Nicole si è gettata sul letto e piange convulsamente. L'accappatoio si é scomposto e lascia vedere le gambe

nude e una buona parte dell'anca. La linea flessuosa della schiena rivela un corpo slanciato.
Nicole piange coi capelli sparsi intorno alla testa che ha piantato nel cuscino.

Jean resta sulla soglia a guardarla senza parlare.
I singhiozzi si calmano e alla fine Nicole alza il capo e resta a guardare Jean con gli occhi ancora colmi di lacrime.
Jean non si muove e dice

JEAN
Non è di me che ha paura .Forse c'è qualcuno che vuol farle del male e per un attimo ha pensiato .... ha creduto che io...

Nicole si mette a sedere sul letto e si copre con cura le gambe con i lembi dell'accappatoio.
Scuote il capo e si asciuga gli occhi col dorso di una mano. Guarda Jean negli occhi, senza più paura e scuote il capo in segno di negazione. Jean fa un passo verso di lei e chiede

JEAN
Posso avvicinarmi o si rimette a strillare?

La donna non sorride alla battuta a risponde quasi con dolcezza

NICOLE
Se ne vada, la prego...

Jean guarda quella strana donna senza nascondere il suo interesse

JEAN

Vorrei aiutarla, sento che lei ha bisogno di essere aiutata... Come si chiama?

Nicole sospira e risponde

NICOLE

Nicole...

Jean lo crede un incoraggiamento

JEAN

Sono entrato come un. ladro... vogliamo uscire da buoni amici? Se non ha impegni potremmo...

Nicole scuote di nuovo la testa. Si alza pregandolo

NICOLE

Non posso. La prego, vada via... Io... ho i nervi scossi... sono stata malata... mi sono spaventata... nient'altro.

Jean vorrebbe replicare ma la preghiera che legge negli occhi di Nicole é intensa, sincera

NICOLE

La prego...

Jean fa un gesto di rassegnazione a si avvia verso la porta.

Nicole lo segue con lo sguardo

Jean si volge e getta la chiave su una sedia.

JEAN

Me l'aveva data il portiere quando l'appartamento era sfitto

Nicole non si muove a Jean se ne va.

Nicole si avvicina alla porta, guarda nel salone, poi si china a prendere la chiave gettata da Jean. La guarda pensosa poi si avvicina a un armadio, si lascia scivolare l'accappatoio dalle spalle restando nuda. Apre l'armadio e prende un vestito.

SCENA 26

STRADE CENTRO. ESTERNO GIORNO

Il sole splende alto sull*a* strada affollata di traffico automobilistico e pedonale.
Ricche vetrine, lussuosamente addobbate, si susseguono sui due lati della strada.

La Lamborghini di Jean procede a fatica in mezzo a una lunga colonna di macchine.
Jean guida con aria nervosa, automaticamente e lascia che il suo sguardo vaghi sulla gente che si incrocia sui marciapiedi.

Accanto a lui, dritta sul sedile, c'é Danielle, elegantissima, con un tailleur-pantaloni attillato che ne mette in evidenza la bellezza sofisticata. La classe di Danielle risalta ancor più del suo atteggiamento che sembra voler ignorare il mondo.

Una certa tensione, appena adombrata, si avverte tra i due. Jean, con un sospiretto, voltandosi appena,

JEAN

Potresti dire qualcosa... Dopotutto mi hai chiesto tu di accompagnarti.

DANIELLE (leggera)

Pensi che tra noi ci sia ancora qualcosa. da dire?

Jean ha un lieve moto di irritazione. Si domina, prende la mano di lei con un gesto che vuol essere conciliante.

JEAN

Ah già.... l'incomunicabilità, l'alienazione... I nostri problemi sono più semplici... Sai, Danielle, mi domando come fai ad avere sempre tanto self-control.

Danielle toglie la mano di Jean dalla sua, si accende una sigaretta. Ha un sorriso ironico e cattivo.

DANIELLE

Davvero?... Mi scarico la sera, quando i domestici se ne vanno e io resto sola in quell'odioso appartamento.

JEAN
Ma se sei stata tu a voler lasciare la villa!

Danielle non risponde. La Lamborghini rallenta. Jean imbocca una strada molto elegante sulla quale si allineano atelier di lusso,

DANIELLE
Rispettiamo i patti, Jean. Non ne parliamo più. In fondo fa comodo a entrambi continuare cosi... E poi tu hai le tue piccole distrazioni, no?

Jean si volge rabbuiato, come per dire qualcosa. Ma lei sorridendo le sfiora il viso con una carezza che potrebbe essere affettuosa. Forse lo è.

DANIELLE
Ecco, ferma pure qui.

Jean accosta l'auto al marciapiede di fronte ad un HAUTE COUTURE (Balmain o Dior).

Rapida, Danielle scende, chiudendo lo sportello con un gesto deciso. Anche Jean fa per scendere, ma Danielle lo ferma.

DANIELLE
Aspettami, faccio in un minuto.

Jean annuisce, mentre Danielle fendendo la folla che si muove sul marciapiede entra in un elegante, edificio.

Jean é rimasto sovrappensiero, si morde un labbro. Poi accende una sigaretta.

L'ancheggiare di una rossa sfiora l'auto aprendo una scia d'ammirazione della folla maschile che si muove nella direzione opposta.

Jean segue con lo sguardo, con il fiammifero ancora acceso in mano, il corpo flessuoso della donna che si allontana. Il fiammifero gli brucia le dita. La reazione di Jean si muta di in un moto di sorpresa.

A una cinquantina di passi, Jean ha intravisto qualcuno che assomiglia a Nicole. Si sporge per guardare meglio.

Jean avvia il motore e costeggia il marciapiedi, raggiunge l'incrocio ma Nicole sembra scomparsa.
Le auto dietro a lui pigiano sul clacson e Jean é costretto a svoltare.

Rivede per un attimo Nicole entrare in un portone.

Parcheggia l'auto e si affaccia nell'androne: é un palazzo vecchio, malandato, con polverose insegne pubblicitarie che ne deturpano la facciata.

SCENA 27

ANDRONE PALAZZO FOTOGRAFO. INTERNO GIORNO

E' un androne scuro, non troppo pulito. I muri mostrano segni di umidità.
Al centro della tromba delle scale si innalza la rete di protezione intorno ad un ascensore vecchio modello.
Jean muove qualche passo, guarda le targhe appese nell'androne. Su una di esse si legge:

FOTOINDUSTRIAL 10 Piano.

Jean se ne va: forse Nicole é andata lì.

SCENA 28

STRADE CENTRALI. ESTERNO GIORNO

Jean esce dal portone e resta per qualche attimo a gironzolare sul marciapiedi, poi alza la testa sulla facciata del palazzo: a una delle finestre del primo piano si legge FOTOINDUSTRIAL.

Un uomo tira una tenda nera per oscurare la finestra e sosta per un attimo nel suo gesto per guardare Jean: é

Klaus, poi la tenda nera si chiude di scatto sullo strano volto di quell'uomo.

A Jean quel volto, quegli occhi gelidi, sembra di averli già visti da qualche parte. Torna nell'androne.

SCENA 29

ANDRONE PALAZZO FOTOGRAFO. INTERNO GIORNO

Jean sale le scale.

SCENA 30
SCALE PALAZZO FOTOGRAFO. INTERNO GIORNO

Jean è ai primi gradini ma si ferma sentendo alcune voci concitate che vengono da una porta del primo piano.

VOCE NICOLE
Klaus, ti prego.

Le fa eco una voce piena di forza

VOCE KLAUS
Tu fai quello che ti dico io... come sempre!

VOCE NICOLE (alterata)
Sei un pazzo, Klaus, un pazzo!

Si sente il suono secco, di un ceffone e il gemito di Nicole. Jean ascolta e sente la voce di Klaus ed il pianto della donna.

VOCE KLAUS
Non sei niente senza di me... ricordatelo!

La porta si apre ed esce Nicole, con la faccia rigata di pianto.

Nicole richiude la porta dietro di sè poi si aggrappa alla ringhiera cercando di calmarsi.
Jean si avvicina alla donna e le dice con dolcezza.

JEAN
Nicole...

La donna lo guarda tra le lacrime, sembra voler andarsene ma poi si aggrappa a lui come a un'ancora di salvezza, balbettando

NICOLE
Mi porti via... via da. qui...

SCENA 31

VIALI OMBROSI. ESTERNO TRAMONTO

La Lamborghini scivola a bassa velocità lungo gli ombrosi viali di un romantico parco.
Jean guida lentamente, in silenzio. Accanto a lui sta Nicole, immersa nei suoi pensieri, con lo sguardo fisso in avanti, senza vedere nulla di quanto sfila davanti ai finestrini,
Jean non parla, attende che sia Nicole a cominciare.
Ma la donna continua a tacere e Jean le lancia un'occhiata

JEAN
Chi era?

Nicole risponde senza guardare Jean in volto, come se si vergognasse.

NICOLE
Si chiama Klaus... Lo odio. No, non è vero... Non mi riesce nemmeno più questo.

Jeen guarda Nicole per cercare sul suo volto un accenno di sorriso, che alleggerisca la sua espressione verbale, ma il volto di Nicole è cereo. I suoi occhi fissano il nulla.
Jean ferma l'auto e guarda Nicole cercando di capire

NICOLE

Non riesco a liberarmi di lui... non riesco neppure a volerlo davvero... meglio non parlarne... è troppo complicato.

Nicole si abbandona contro lo schienale e chiude gli occhi esausta. E' scossa da brividi.

Jean guarda quel bel viso: con le palpebre abbassate appare sereno ma di una serenità che é sconfitta, che é morte.

Jean ingrana la marcia e l'auto riparte sparendo nella luce filtrata delle piante.

SCENA 32

STRADE PERIFERICHE. ESTERNO NOTTE

Limitate da alti monotoni palazzoni di appartamenti, le strade periferiche della città appaiono tutte uguali. E' molto tardi. La luce del neon illumina tratti di strada segmentandola di chiaroscuri.

Jean e Nicole passeggiano in silenzio. Nicole dà una fuggevole occhiata a Jean che le sorride.

JEAN

Stanca?

Nicole scuote la testa.

NICOLE
Senti, forse é bene che tu sappia.

JEAN
Se non vuoi, lascia stare... mi piace anche cosi. . ascolto il tuo silenzio come raramente riesco a fare con chi mi parla.

prende una mano di Nicole. La donna ha un brivido al contatto, diffidente, ma poi abbandona fiduciosa la mano in quella forte di Jean.
I due continuano a camminare.

Gli occhi di Nicole si dilatano sullo schermo, il suo respiro diventa affannoso, il brillio della, pupilla. si confonde col...

SCENA 33

SPIAGGIA. ESTERNO GIORNO

...riverbero accecante di un sole velato dal caldo su un mare grigio, senza increspature.

Sulla spiaggia dalla sabbia nera si staglia la figura snella di Nicole. E' più giovane, pettinata in modo diverso.

Nicole guarda la sabbia color antracite, le poche macchie verde scuro dei cespugli che spezzano l'uniformità del paesaggio. Guarda, il cielo livido, aspira senza avere la sensazione di trovar aria nell'afa calda del meriggio,

Segue il volo bianco di un gabbiano, il suo stridio é l'unico rumore: il mare fermo non ha risacca e la sua immobilità dà una lontananza magica a tutta la scena.

La spiaggia è completamente deserta. Nicole si slaccia la gonna e la lascia cadere sulla sabbia. Comincia a togliersi la maglietta di filo che le segna il seno nudo e provocante, quando un'ombra é su di lei. Una mano la afferra proprio nel momento in cui la sua testa é intrappolata nella maglietta.

Nicole urla ma l'assalitore le strozza il grido in gola con una stretta brutale. La getta a terra e si lascia cadere su di lei. I due corpi si dibattono intrecciandosi. Non si é ancora visto il volto dell'aggressore: le sue mani le strappano la maglietta e la costringono sulla sabbia. La donna sbarra gli occhi e vede:

a pochi centimetri da lei, il volto di Klaus.

Spalanca la bocca sotto la crudele stretta che la soffoca; il cielo sopra di lei sembra farsi rovente, comincia a vorticare.

Sente la mano dell'uomo frugarle addosso: strapparle gli slip.

Poi tutto affoga in un mare rosso, in una nebbia rossa come il sangue.

SCENA 34

STRADA ALLUCINAZIONE. ESTERNO GIORNO

Ora tutto é rapido, vertiginoso.

Dalla nebbia rossa che dirada appare Nicole nuda che corre verso una strada.
La strada sembra non volerla: si piega, si restringe:
la donna urla senza urlare, gli occhi sbarrati, i capelli al vento che le si incollano sul volto bagnato di sudore, sul corpo sporco di vaste chiazze di sabbia nera.
Raggiunge la strada e continua a correre.
La strada sembra allungarsi come un elastico. Le case in fondo, lontane, irraggiungibili: poi la strada sembra arrotolarsi su. di lei e le getta davanti agli occhi sbarrati dallo shock le case, il panorama come se fosse di gomma.

Una vertigine di assurde deformazioni.

Nicole tende le mani avanti per ripararsi: due enormi mani su braccia lunghissime, deformate dall'enorme grandangolo.

Urla e il caleidoscopico vortice si blocca di colpo, si cristallizza nella fredda sterilizzata immagine che segue:

SCENA 35

CAMERA CLINICA. INTERNO GIORNO

Una stanza piccola, stretta, le pareti celestine, tutto tende a un lieve azzurro di tonalità fresca, riposante. Due infermiere in camice bianco e Nicole in mezzo con una lunga camicia celeste, troppo larga per il suo corpo sottile.

Le due infermiere la tengono per mano e le fanno dondolare le braccia ritmicamente come un assurdo gioco da, bambini.

E gli occhi spalancati di Nicole: vuoti.

SCENA 36

PONTE SUL FIUME. ESTERNO NOTTE

Gli stessi occhi di Nicole, sbarrati nel ricordo, che si riempiono di lacrime.

Gli occhi di Jean, pieni di commozione, di affetto.

Jean fa appoggiare a sé la testa di Nicole che gli nasconde il volto in petto sussurrando

NICOLE
...prigioniera delle loro cure per un giorno, un mese... un anno...

Jean le accarezza i capelli e Nicole si calma, tira su col naso e si stacca da Jean. Si appoggia alla spalletta del ponte, e guarda l'acqua nera su cui si riflettono i lampioni del ponte

NICOLE
... all'uscita. dell'ospedale lui era di nuovo lì... o forse dopo, .. non so più... non avevo la forza di resistere.

Nicole alza la testa quasi a voler sfidare il giudizio di Jean

Klaus ha un bisogno morboso di me, gode a farmi soffrire... ogni volta che mi prende giuro che sarà l'ultima.. e poi invece ce n'è sempre un'altra... e un'altra...

D'impulso Jean bacia sulla bocca Nicole impedendole di continuare.

La donna sembra percorsa da una scarica elettrica. Si stacca da Jean e si porta una mano a nascondersi la bocca. Fissa Jean sul punto di scoppiare a piangere.

Ma gli occhi di Jean sono colmi di tenerezza. Le sorride.

JEAN
Dinenticherai tutto, Nicole... Adesso ci sarò io, se vuoi...

negli occhi di Nicole passa un lampo di terrore.

NICOLE
No! Se Klaus mi sapesse di un altro sarebbe capace di tutto... Tu non puoi immaginare la sua malvagità.

Jean sorride e torna a sfiorare le labbra di Nicole con le sue

JEAN
Non riesci a spaventarmi Nicole.

Nicole si aggrappa a lui.

L'acqua cupa del fiume riflette le sagome dei due abbracciati sul ponte.

SCENA 37

VIA LAFORGUE. ESTERNO NOTTE

I vetri bui della finestra della stanza da letto di Danielle e Jean: dietro i vetri neri si intravede appena, il volto pallido di Danielle che spia verso la strada:

Nicole e Jean stanno rientrando: Jean tiene aperto il cancello alla donna e poi la segue sparendo nell'androne del palazzo.

SCENA 38
CAMERA DA LETTO JEAN. INTERNO NOTTE

Danielle si stacca dalla, finestra, e fa scorrere le tende. E' in deshabilllé , coi capelli sciolti sulle spalle. Appare pallida, nervosa, stanca per la lunga attesa.

Apre la porta della stanza e ascolta i rumori del palazzo attraverso il corridoio buio e porta, all'ingresso.

Si sente l'ascensore che sale. Il rumore diventa forte, supera il piano e si ferma al sesto.
Danielle alza istintivamente il volto verso, l'alto, quasi potesse vedere attraverso il soffitto.

SCENA 39

PIANEROTTOLO APPARTAMENTO NICOLE. INTERNO NOTTE

Visti dal basso; quasi in soggettiva ideale di Danielle che sta al piano di sotto.

Jean e Nicole escono dall'ascensore e Jean accompagna la donna fin davanti alla porta del suo appartamento. Nicole fruga nella borsetta e pesca la chiave col talloncino di plastica che le ha dato Jean, e gliela porge.
Jean la prende e sorride. La infila nella toppa e apre.

SCENA 40

APPARTAMENTO JEAN. INGRESSO E CORRIDOIO. INT. NOTTE

Danielle è ora nell'ingresso: tutta tesa nell'ascolto.
Ha un pettine d'osso tra le mani e di tanto in tanto lo piega senza badarci, per costringersi alla calma. Sente la porta del superattico chiudersi.

Poi un attimo di silenzio. Danielle fissa il soffitto con grande tensione.
Sente un doppio rumore, di passi: il ticchettare dei tacchi di Nicole e il suono più cupo e misurato di quelli di Jean.

I passi si allontanano lungo il soffitto del corridoio che corrisponde al pavimento dell' appartamento di sopra:
e Danielle li segue, tormentandosi, come accompagnando idealmente i due.

Percorre tutto il corridoio con lo sguardo fisso verso l'alto e le orecchie tese ai rumori dei passi

I passi si fermano e Danielle si ferma: é sulla soglia della camera da letto.

SCENA 41

APPARTAMENTO NICOLE. INTERNO NOTTE

Jean sta baciando Nicole sulla bocca, sulla soglia della stanza da letto di Nicole.

E' la stessa stanza che già conosciamo, però vista dal corridoio. La porta che dà nel salone é socchiusa: oltre c'è il buio.

Jean accarezza il corpo di Nicole stringendoselo al cuore pieno di desiderio. Le sussurra

JEAN

Se vuoi che me ne vada, dimmelo... io non voglio averti per forza.

ma la donna gli risponde baciandolo con veemenza in bocca.

Le mani di Jean scendono avide lungo il corpo di lei, slacciandole il vestito. Nicole si lascia scivolare sul folto tappeto della stanza. Jean è su di lei.

SCENA 42

CAMERA DA LETTO JEAN. INTERNO NOTTE

Danielle é stesa sul letto di fianco, volgendo le spalle al posto vuoto di Jean.

I suoi occhi sono aperti nel buio. Jean si infila sotto le coperte

JEAN
Lo so che non dormi.

Danielle non si muove e Jean conclude sistemandosi a sua volta in modo da dare le spalle alla moglie

Domani parto... starò fuori qualche giorno.

Danielle si morde un labbro come per impedirsi di parlare. Non risponde e non si muove.

SCENA 43

MARE. ESTERNO GIORNO

Una scia d'acqua esplode contro l'obbiettivo.

Con una perfetta, virata, Jean evita la CAMERA e continua a sfrecciare sugli sci trascinato dal potente motoscafo.

Nicole guida felice, sorridente, con i capelli al vento, Manovra il motoscafo in modo da costringere Jean a pericolose evoluzioni sulle onde.

Jean solleva uno sci, grida qualcosa, continua a procedere con un solo legno, finge di essere sempre sul punto di cadere ma in realtà conserva l'equilibrio con una bravura che rasenta il funambolismo.

Nicole rallenta di colpo il andatura girandosi ai scatto e scoppiando a ridere ...
...nello stesso momento Jean perde l'equilibrio e piomba in acqua sul dorso, gambe in aria.

il volto divertito di Nicole, Jean si libera degli sci e arranca verso il motoscafo.

Il corpo di Nicole, abbronzato, risalta nel minuscolo bikini. Ridendo si sporge a dare una mano a Jean che ha raggiunto il bordo del motoscafo.

La mano di Jean afferra quela di lei e con uno strattone la fa cadere in acqua.
Nicole grida poi si avvinghia a lui, felice. Jean la bacia.

SCENA 44

STANZA MATRIMONIALE COTTAGE. INTERNO NOTTE

Lo schermo è nero. Solo con il passare dei secondi si cominciano a distinguere lo sagome dei mobili e di Jean e Nicole a letto, come avviene quando l'occhio si abitua a poco a poco al buio.

JEAN
Non ti permetterò di sparire, Nicole. Non ti lascerò.

Jean é quasi sopra a Nicole. Hanno fatto all'amore e ora Jean affonda le dita nei morbidi capelli di Nicole scompostamente sparsi sul cuscino.
Nicole sussurra.

NICOLE
Si dice sempre cosi... per una settimana, un mese... forse continuerai a volermi... Ma poi.. . Jean, che te ne fai di una donna come me?

Jean le prende il volto teneramente nella coppa delle mani.

JEAN
Io ti amo, Nicole... non chiedermi perché... non lo so... forse perché hai sofferto... perché sei viva,.. perché sei tu.

e la bacia. Nicole si aggrappa a lui.

NICOLE
Jean... Jean... potessi crederti!

SCENA 45

COTTAGE SUL MARE. ESTERNO GIORNO

Un grazioso cottage in riva al mare, a ridosso di una spiaggia deserta.

Una finestra del primo piano si spalanca:

Jean, a torso nudo, aspira con soddisfazione la limpida aria mattutina. Si rivolge verso l'interno in cui s'intravede la stanza da letto, che già conosciamo.

JEAN
Ho un programma fantastico per oggi! Sù, datti da fare.

Nicole si avvicina, ancora insonnolita, felice.

NICOLE
Sentiamo il programma.

Jean le porge un binocolo.

JEAN

Guarda!

Nicole porta agli occhi il binocolo, mentre !a mano di Jean la guida.

JEAN

Lassù, in cima al mondo...

SCENA 46

PROMONTORIO SUL MARE CON FORTILIZIO ANTICO. ESTERNO GIORNO

Un promontorio a picco sul mare, circondato da una selva di pini.

Sulla sommità si erge una rocca medioevale a picco sulla scogliera.

Nicole giunge ansando alla sommità seguita a poca distanza da Jean. Sotto di loro, una piccola baia con la sabbia bianchissima. Le onde vi si frangono dolcemente.
Nicole é a ridosso del fortilizio, immersa nell'atmosfera di assoluto silenzio.
Anche Jean partecipa per un istante della lieve tensione della ragazza.

Alcuni corvi rompono la quiete e s'innalzano gracchiando dalle fenditure del fortilizio. Si levano alti nel cielo, lugubri.

Nicole ha un fremito. Jean le si accosta, baciandola sui capelli.
La donna si appoggia a lui con fiducia, gli occhi di nuovo sereni. Fissano l'immensa distesa azzurra sotto di loro.

JEAN
Ti piace il mondo? Te lo regalo.

NICOLE
Non voglio il mondo... mi ha sempre fatto paura.

Jean le sorride.

JEAN
E allora ti offro me stesso, é sufficiente?

Nicole lo fissa seria.

NICOLE
Non dirlo, troppo spesso Jean o finirò col crederti.

JEAN
Perché non mi credi?

NICOLE
Non lo so. Forse perché non ho mai incontrato nessuno che mi volesse davvero bene. e poi Klaus....

è tanto triste Nicole che Jean se la stringe forte al petto e conclude con forza

JEAN

...e poi Jean!

le alza il mento con un dito e Nicole non apre le palpebre per non mostrare le lacrime che le vanno riempiendo gh occhi. Annuisce so tanto con un lieve sorriso e ripete in un soffio.

NICOLE

...e poi Jean!

SCENA 47

CALA SOTTOSTANTE FORTILIZIO SUL MARE. ESTERNO TRAMONTO

Il sole sta tramontando come un disco infuocato all'orizzonte. Il mare è calmo, di un azzurro intenso.
Jean e Nicole camminano sulla spiaggia della piccola cala. Lui la tiene allacciata per la vita.
L'aria si va facendo pungente, mentre il sole continua a morire nell'acqua.

JEAN

Il discorso della Montagna ti ha convertita?

Nicole lo guarda senza capire. Jean alza la mano sinistra con anulare e mignolo ripiegati e dice

In verità, in verità, vi dico che ho preso una gran cotta per una certa Nicole...

Nicole non può non ridere e Jean sorride,

JEAN
D'ora in poi ti voglio sentire ridere, sempre.

Nicole non dice nulla volge lo sguardo verso la punta che chiude a semicerchio la piccola baia.

All'improvviso, un fuoribordo sbuca oltre la punta a velocità moderata, sollevando una scia d'acqua. E' a circa venti metri da riva. Lo guida un uomo biondo, con grossi occhiali da sole assolutamente immobile, in piedi. C'è qualcosa di minaccioso nella sua immobilità.

Nicole si ferma fissando con grande tensione la sagoma dell'uomo che la corsa del fuoribordo sta avvicinando.

Quando, il fuoribordo incrocia la coppia, l'uomo solleva gli occhiali scuri: i suoi occhi ne svelano di colpo 1' identità. Sono gli occhi glaciali di Klaus.
Quello sguardo duro si fissa sui due amanti, impassibile. Poi con rapidità improvvisa il fuoribordo aumenta di giri e sfreccia via, virando oltre l'estremità opposta della cala. Sparisce.

Nicole trema di paura. Anche Jean sembra scosso.

JEAN

Come é riuscito a trovarci?.. e poi perché questo stupido gioco?

Nicole con voce atona spiega,,

NICOLE

Ha voluto spaventarci.

Jean stringe le mascelle, ci pensa un attimo e poi decide

JEAN

Domani si torna in città.

Nicole non dice nulla.

SCENA 48

COTTAGE. ESTERNO NOTTE

E' notte.
Il cottage é buio tranne per la fioca luce che filtra oltre le tende della finestra della camera da letto al piano primo.
Si ode solo il lieve rumore della risacca.

SCENA 49

STANZA MATRIMONIALE. COTTAGE. INTERNO NOTTE

Jean si sporge a guardare Nicole. La donna dorme.

Jean si sente invadere da un'infinita tenerezza e le sfiora i capelli con le labbra. Resta ancora a fissarla nel sonno, poi torna a girarsi sul dorso e allunga le mani a prendere una sigaretta dal pacchetto che c'è sul comodino. Ma il pacchetto è vuoto. Lo accartoccia, lo getta, si alza, si infila una vestaglia e le pantofole ed esce dalla stanza.

SCENA 50

COTTAGE. PIANTERRENO. INTERNO NOTTE

Una maniglia gira lentamente. Un'ombra sguscia sotto le scale di legno che portano al piano superiore.
Lungo le scale scende Jean. Arriva in fondo, attraversa l'ampio soggiorno arredato con gran gusto e va in salotto a frugare in una cassettiera

DETTAGLIO: una mano guantata stacca l'automatico dalla corrente elettrica.

DETTAGLIO: la lampadina sopra la cassettiera di Jean si spegne e Jean ne tenta invano l'interruttore.

JEAN (brontolando)
Ci mancava anche la luce...

e continua a frugare al buio nei cassetti.

SCENA 51

STANZA MATRIMONIALE. COTTAGE. INTERNO NOTTE

Nicole apre gli occhi. L'improvviso buio, in cui é caduta la stanza l'ha svegliata.
Allunga una mano, e trova il posto di Jean vuoto. Afferra il pomello della luce e lo fa scattare. Ma scatta a vuoto. Già in ansia sussurra,

NICOLE
Jean...?

nessuno le risponde. Solo un lieve fruscio, fuori, sulle scale di legno.
Nicole trasalisce spaventata e resta con gli occhi sgranati nel buio, in ascolto.

SCENA 52

SCALA COTTAGE. INTERNO NOTTE

Qualcuno sale la scala al buio cercando di non far rumore

Le mani guantate dello sconosciuto attorcigliano con precisione un foulard di seta fino a fame una corda.
Lo sconosciuto si ferma davanti alla porta della stanza da letto.

SCENA 53

STANZA MATRIMONIALE. COTTAGE. INTERNO NOTTE

Nicole si rannicchia sul letto tirandosi le coperte sotto il mento in cerca di protezione

La porta della stanza si apre senza, rumore, eppure Nicole ha la percezione esatta che qualcuno é entrato nella stanza .

SCENA 54

PIANTERRENO COTTAGE. INTERNO NOTTE

Jean ha trovato le sigarette e ora si attarda a cercare i fiammiferi. Ne trova una scatola e accende un cerino.
Si accende una sigaretta e poi alla fioca luce del cerino che si va spegnendo si dirige verso la scala, entrando nel soggiorno

Il fiammifero si spegne e Jean si attarda a provare l'interruttore del soggiorno che scatta a vuoto. Brontola qualcosa e accende un altro fiammifero

SCENA 55
STANZA MATRIMONIALE. COTTAGE. INTERNO NOTTE

Un'ombra si intravede quando lo sconosciuto passa davanti alla finestra che dà sulla spiaggia. Nicole, con voce strozzata, chiede.

NICOLE

Sei tu?

Nessuno le risponde.

Le mani dello sconosciuto continuano a torcere il foulard di seta.

SCENA 56

PIANTERRENO. COTTAGE. INTERNO NOTTE

La luce vacillante del cerino tenuto da Jean illumina l'interruttore centrale staccato.

Jean lo reinnesta. La lampada posta sulla cassettiera, oltre la porta del soggiorno si riaccende.
Il suo sguardo va alla scala: grosse impronte di sabbia bagnata segnano chiaramente il passaggio di qualcuno. Si lancia su per la scala gridando

JEAN

Nicole!

Da dietro la porta chiusa viene altissimo l'urlo della donna.

SCENA 57

STANZA MATRIMONIALE COTTAGE. INTERNO NOTTE

Jean irrompe nella stanza stravolto pronto a tutto. Nicole è ancora rannicchiata sul letto, terrorizzata e fissa verso la finestra spalancata sulla notte: il vento gonfia le tende.

La donna tende un dito verso la finestra e riesce ad articolare una sola parola, a fatica.

NICOLE,

Klaus...

Jean si affaccia alla finestra e guarda fuori.

SCENA 58

COTTAGE SUL MARE. ESTERNO NOTTE

Come visto da Jean dalla finestra del primo piano: la spiaggia é deserta. Il mare illuminato dalla luna, 1e sagome buie dei pini.
Si sente l'abbaiare lontano di un cane, ma non vi è traccia di presenza umana, chiude la finestra con rabbia.

SCENA 59

STANZA MATRIMONIALE COTTAGE. INTERNO NOTTE

Jean si avvicina a Nicole che si getta fra le sue braccia. Jean la stringe, ma furioso

JEAN

Adesso basta. Ha fatto una mossa di troppo... Gli farò passare la voglia di rompermi le scatole a quel... a quel...

NICOLE.

E' colpa, mia, é stato bello con te... come non pensavo potesse mai essere... ma deve finire... per il tuo bene.

Jean afferra Nicole con forza, bruscamente, ancora furioso per quello che b accaduto.

JEAN (con forza)

Senti, una volta per tutte! Si' é vero... é cominciata così, il capriccio di averti a letto e basta... ma adesso é diverso, capisci? Diverso... adesso ti amo!

Nicole lo, fissa, lasciandosi scuotere, estasiata, colpita dalla forza, dalla sincerità di quelle parole. E' una dichiarazione d'amore violenta, di una sincerità che non lascia dubbi.

Gli occhi della donna si riempiono di lacrime ,e si stacca da lui, quasi lotta per liberarsi da quell'abbraccio.
Si allontana, gli volta le spalle. Jean la fissa senza capire.
Si avvicina per toccarla ma Nicole si volge come una vipera: piange, le lacrime le colano sulle guance lasciando scure ambre di rimmel.

NICOLE

Non... non toccarmi.

Jean la fissa allibito, senza saper che fare. Nicole sembra sull'orlo di una crisi isterica. Ansima, aggressiva e poi dice con forza.

NICOLE

Io sono qui mandata da Klaus.

JEAN

Come?

NICOLE (aggressiva per farsi coraggio)

Sì, da Klaus... Ha studiato un piano per ricattarti e io ho fatto da esca.

Jean afferra la donna per un braccio

JEAN

Che stupidaggini dici?

Nicole fissa Jean tra le lacrime e sembra calmarsi un poco, ripete con più calma

NICOLE

Non è la prima volta che organizza *imprese del genere. Io... ho dovuto sempre fare come voleva lui... oh, Jean!*

Jean ancora non sembra crederci. Nicole prosegue senza avere il coraggio di guardarlo.

NICOLE

Te l'ho detto com'ero... pronta a qualunque cosa... però dopo... stando con te giorno per giorno...

Gli occhi di lei brillano di disperazione, di rimorso, di furore contro se stessa.

NICOLE
Klaus ha affittato l'appartamento sopra il tuo... diceva di essere sicuro che non avresti perso l'occasione di farmi la corte... e io ci dovevo stare... ma non tanto in fretta da insospettirti.

Nicole si interrompe, come se non avesse più il coraggio di proseguire

NICOLE
Poi...

Jean la fissa negli occhi.

JEAN
Che altro c'è ancora?

NICOLE
Poi... non vuole ricattarti Jean, vuole ucciderti!

JEAN
Nicole! Perché ti inventi queste cose assurde?

NICOLE (testarda)
Gli hanno offerto centomila dollari per farlo.

Jean ha un gesto di irritazione e scuote il capo.

JEAN

Por uccidere me. Sei pazza.

NICOLE

Perché? Pensi davvero che nessuno possa volere la tua morte?

Jean ha un momento di dubbio, non risponde. La donna incalza

NICOLE

Davi credermi. Klaus ha capito che ti amo veramente. La prossima volta... Ho paura Jean. Ho paura per te.

Jean cerca di calmarla, ma é turbato.

JEAN

Calmati. Tu vedi cadaveri dappertutto. Il mondo non è pieno di assassini che ammazzano la gente agli angoli delle strade.

NICOLE

Jean, non sono pazza. Non al punto da inventarmi una storia simile! Tu sei in pericolo, Klaus stasera era qui. o pensi che mi sia inventata anche Klaus?

Jean, ha un lungo momento di silenzio, poi risponde serio

JEAN

No.

NICOLE

E allora che devo fare per farmi credere?

JEAN
Fornirmi delle prove.

NICOLE
Se me ne daranno il tempo, avrai le prove.

F INE DEL PRIMO TEMPO

SECONDO TEMPO

SCENA 60

TIRO AL PIATTELLO. ESTERNO GIORNO

Un piattello schizza lucido nel cielo. Uno sparo, ma il piattello continua il suo volo intatto,

Jean abbassa il fucile mentre Valmont che gli sta a fianco lo deride.

VALMONT
Ne centri pochi stamattina. Forse hai avuto una nottata troppo faticosa.

e ridacchia con chiara allusione. Jean non raccoglie, posa il fucile.

JEAN
Mi trema la mano... ma non è per quello che pensi tu.

VALMONT (con finta partecipazione)
O povero Jean, allora è esaurimento nervoso... come sono i sintomi stavolta... biondi o bruni?

e di nuovo ridacchia soddisfatto della sua battuta, mentre Helene e Danielle si avvicinano ed Helene sorride

HELENE
Scusmi se ho sposato un marito spiritoso... però in una settimana una telefonata potevi farcela.

Valmont infila i bossoli nelle canne del fucile a dà un'occhiata alla moglie che sta sorridendo a Jean e poi a Danielle più indietro che sta ascoltando lo sproloquio di un gran pezzo di negra molto sofisticato e elegante.

MANNEQUIN
...e io gli dico: figurati se non contesto... contesto anche la contestazione .... basta che continuino a correre i mille euro a sfilata... sai,'. nel nostro mestiere contestano di più quelle con le gambe storte.

Valmont controlla che i bossoli siano a posto e intanto dice a Jean

VALMONT
Fortuna che c'è Danielle... abbiamo tenuto i contatti con lei. Sai che stasera, siamo tutti a casa tua.

JEAN (a Valmont)
Se vi accontentate...

Valmont mette la mano sotto le canne del fucile carico nell'atto di volerle chiudere, ma resta a mezzo gesto, e si volge di più verso Jean, puntandoglielo addosso. Gli fa l'occhietto.

Hai visto il nuovo acquisto?

e accenna alla ragazza nera.

Dicono che quando ha bevuto piuttosto divertente.

e con un colpo secco chiude le canne. Da una delle canne esplode uno sparo.
Jean si porta di scatto una mano alla gola. Helene strilla

HELENE
Jean!

Jean leva la mano: ha un'ustione rossastra: il colpo lo ha sfiorato.

HELENE (al marito)
Idiota! Due dita più in là e lo facevi secco!

Valmont è confuso, guarda il fucile imbarazzato a Jean si tasta ancora la bruciatura e, chiede:

JEAN
Ti è scappato o volevi uccidermi?

La domanda é semiseria e Valmont guarda Jean e poi balbetta

VALMONT
Il fucile... deve essere difettoso. hai visto come ho fatto?

DANIELLE
Che è successo?

JEAN

Niente, niente.

guarda la bella donna nera, valutandola, e si passa un fazzoletto sul viso

MANNEQUIN

Fa male?

Jean fa cenno di no. La mannequin guarda Jean negli occhi., con intenzione

MANNEQUIN

Io sono un'ottima anestesia... Durante l'ultimo safari un uomo ebbe una mano spappolata... passai tutta la notte con lui. Quando arrivò l'elicottero del pronto soccorso mi disse che non aveva sentito niente.

la mannequin scopre tutti i suoi denti bianchi

Anestesia generale.

Jean sorride

JEAN

Anche lei sarà dei nostri stasera?

La mannequin annuisce e ricambia il sorriso. Danielle interviene:

DANIELLE

A proposito, Jean, perché non inviti anche la ragazza del piano di sopra?

Jean diventa serio e fissa la moglie. Incontra il suo sguardo freddo e irridente.

JEAN

Ma mi sembra proprio il momento di farlo. Certo Danielle, ci sarà.

SCENA 61

CASA JEAN. SALONE. INTERNO NOTTE

La mannequin nera in piedi sul tavolo si sta agitando al ritmo di un disco afrocubano.

Seduti, stravaccati sulle poltrone ci sono alcune persone: un uomo grasso con moglie al seguito, due giovanottoni americani alti e biondi e alcune coppie eleganti.
Helene che fuma fissando le movenze sensuali della ragazza nera, Danielle che divide la sua attenzione tra la nera e la porta d'ingresso. Molti bicchieri e bottiglie.

La mannequin balla agitandosi molto e beve da due bicchieri che tiene uno per mano: in uno c'è gin a nell'altro Martini.

MANNEQUIN
Forza ragazzi... due parti gin e una parte Martini...

beve prima due sorsi dal primo e un sorso dal secondo poi lancia i bicchieri a due uomini che li acchiappano al volo. La musica aumenta di ritmo e la mannequin dà il via a uno spogliarello.
Danielle guarda la nera con uno strano sguardo ma poi guarda di nuovo la porta.

Helene si china verso di lei e dice malignetta

HELENE
Ce ne mette tua marito per andare e venire dal piano di sopra.

Danielle guarda Helene e risponde con lo stesso veleno

DANIELLE
Sai com'è, Jean , se trova una come te cinque minuti ce li perde.

Helene sorride verde. Intanto l'ambiente si è scaldato e la mannequin é quasi nuda.

E' rimasta in slip e reggiseni: un reggiseno particolare formato da due coppette isolate e staccate che stanno su per proprio conto sul seno pieno e sodo.

La nera accarezza le coppette e qualcuno grida

VOCE

Buttale, dai!

La mannequin continua il suo gioco erotico e dice con voce rauca

MANNEQUIN

Io le butto ma chi le raccoglie fa l'amore con me davanti a tutti!

Helene dice a Danielle

HELENE

L'extracomunitaria sta passando il segno, mi pare.

DANIELLE (ad alta voce)

Noi siamo ancora molto borghesi. Un bacio può bastare.

la nera sogghigna e non cessa di accarezzarsi

MANNEQUIN

Okay. Un bacio.. ma un bacio da un minuto.

si bacia il dorso della mano, succhiandolo: la cosa più sensuale di tutto quello che ha fatto.

VOCE

Sì! Sììì!!!

La porta del salone si apre e appare Jean che tiene per mano Nicole che indossa un vestito semplice, elegante. senza fronzoli. Sembra più giovane.

La ragazza nera capta l'occhiata di Danielle verso la coppia e si strappa le coppette lanciandole verso Jean e Nicole che le afferrano al volo istintivamente. Tutti ridono

MANNEQUIN
Un bacio da un minuto!

JEAN
Ma daì... è stupido...

HELENE
Non fare lo sciocco, Jean! Il gioco è gioco. Di che hai paura? I baci sono la tua specialità.

JEAN (presenta)
Nicole. E' la nuova inquilina del piano di sopra... Questa è Danielle, mia moglie...

Nicole tende la mano a Danielle che la ignora e dice seccamente

DANIELLE
Qui l'ambiente si fa ogni giorno più misto... spero che non si senta a disagio.

NICOLE
Sono scesa di un piano, signora... non mi formalizzo.

lo scambio di battutine secche e rapide non ha distolto gli altri dal gioco

VOCI
Bacio! Bacio!

Jean sorride e volta Nicole verso di sé.

UNO
Un minuto eh? Pronti... Via!

Jean e Nicole si baciano.

Dapprima le loro labbra si sfiorano soltanto e poi il bacio si fa più vero e nfine diventa appassionato.

Jean e Nicole sembrano aver dimenticato che si tratta di un gioco.
Helene volta contro i due che si baciano un faretto e qualcuno spegne le altre luci.

Isolati nell'alone di luce dello spot, Jean e Nicole si baciano con passione.

Applausi e risate. Jean e Nicole si staccano in di mala voglia.

Tutte le luc si riaccendono mentre Jean accompagna Nicole verso il buffet per offrirle da bere. Anche gli altri si riempiono i bicchieri. Jean si guarda intorno. Helene gli dice acida.

HELENE
Se cerchi Danielle se n'è andata a metà spettacolo. Non mi ero mai accorta che fosse gelosa.

JEAN
Non dire sciocchezze. Si sarà ricordata di non aver chiuso lo smalto per le unghie... Piuttosto com'é che non è venuto tuo marito?

HELENE (si stringe nelle spalle)
Affari, ha detto. Per me é ancora scioccato per averti mancato oggi pomeriggio .

ride dando un'occhiata a Nicole, che tira Jean in disparte

NICOLE
Te l'ho detto che era uno sbaglio...

JEAN
Non ti preoccupare, Volevo che ti incontrasse. Sarà più facile così. Conosco Danielle.

Nicole sospira e dà un'occhiata intorno

NICOLE
Hai degli strani amici .

Jean dà un'occhiata verso Helene e vede che balla con uno dei cugini americani degli Charrier.
Bisbiglia a Nicole:

JEAN
Senti... hai mai sentito nominare un certo Valmont?

NICOLE
Non mi pare. Perché?

JEAN
Niente. Aspettami un minuto.

e si allontana.

SCENA 62

CAMERA DA LETTO JEAN. INTERNO NOTTE

Danielle é sul letto col volto affondato nel cuscino
Sulla soglia appare Jean :

JEAN
Danielle, stai male?

Danielle gira la faccia dalla parte opposta Jean si avvicina stupito. Si china a guardarle il volto e vede che ha gli occhi pieni di lacrime

JEAN
Piangi?
DANIELLE
Dovrei ridere dopo quel .... quell'ignobile spettacolo?

JEAP (strabilia)
Danielle, non mi dire che sei gelosa...

DANIELLE
Non mi va di. essere umiliata in casa mia.

JEAN

Di sorpresa in sorpresa . Scusami, fin'adesso è stato il contrario, mi pare...

DANIELLE

Vattene!

JEAN

Certo, Danielle. Per sempre. E giacché sapevi di Nicole, stavolta é una cosa seria. Voglio il divorzio.

Jean se ne va senza attendere risposta e Danielle con un gesto di rabbia spazza col braccio i flaconi di profumi e creme che stanno sul piano della toelette.

SCENA 63

UFFICIO JEAN. INTERNO GIORNO

Una segretaria risponde al telefono:

SEGRETARIA

Mi dispiace signor Valmont, monsieur Jean non è venuto in ufficio... no, non so dove rintracciarlo .... no, mi dispiace... lo so che non risponde al cellulare perché l'ha lasciato qui in ufficio...

la segretaria guarda verso Jean che siede al suo posto e che le fa ancora cenno di no. La segretaria continua a parlare al telefono

SEGRETARIA
Non ha lasciato alcuna istruzione per il rinnovo. Mi dispiace...

Jean fa cenno alla segretaria di tagliare corto e la segretaria obbedisce

SEGRETARIA

Sì, se torna la farò chiamare.

JEAN
Per Valmont non ci sono mai, capito?

suona il telefono e la segretaria risponde:

SEGRETARIA
Pronto, no. Signora, Valmont, non c'è.

La segretaria interroga con lo sguardo Jean che fa di no col capo e commenta con un sogghigno:

JEAN
Manda avanti la moglie.

e fa una smorfia di disprezzo.

La segretaria riprende a sottoporre a Jean delle lettere per a firma. Jean firma. Ma alla terza di nuovo suona il telefono.
Jean é seccato, irritato ma la segretaria che ha risposto gli dice, coprendo il ricevitore con la mano

SEGRETARIA
La signorina Nicole...

subito Jean prende il telefono

JEAN
Nicole!

la voce di Nicole è alterata, ansiosa

VOCE NICOLE
Jean. . . devo parlarti. Credo di avere quelle prove... vieni é me stanotte.

JEAN
-Nicole. che succede? Sei... Sei spaventata?

VOCE NICOLE
Non posso dirti per telefono.. . ti aspetto dopo mezzanotte .

JEAN
Ma Nicole...

VOCE NICOLE
Ti prego Jean. Non farmi domande. Dopo mezzanotte da me, assolutamente. Ti amo.

si sente il clic della comunicazione interrotta . Jean riattacca perplesso.

SCENA 64

APPARTAMENTO NICOLE. INTERNO GIORNO

C'è una mano d'uomo sull'apparecchio telefonico, preme sul portacornetta, tenendo chiusa la comunicazione. E' Klaus.
Nicole tiene ancora in mano, il ricevitore. Guarda l'uomo che sorride in quel suo modo gelido. Le leva di mano il telefono e la donna non oppone resistenza. Klaus lo riaggancia.

I gesti sono lenti. Nicole sta rannicchiata su di uno sgabello di stile fratino e non stacca lo sguardo da Klaus.

KLAUS
Aspettiamo insieme.

Il telefono squilla. Nicole guarda l'apparecchio, poi guarda Klaus. L'uomo sogghigna, allunga una mano e con uno strattone al filo disinserisce la spina.

KLAUS
Sa tutto, quello che ci serve.

Nicole esita, poi annuisce. Si alza e si stiracchia. Va alla finestra e dice, tentando di darsi un, tono, leggero

NICOLE
Non vorrai star chiuso qui fino a stanotte... abbiamo tanto tempo.

si volta e si trova fra le braccia di Klaus che le si é spostato alle spalle. L'uomo la afferra per le spalle a la fissa negli occhi con un mezzo sorriso.

KLAUS
Meglio non correre rischi... di nessun genere.

e il sospetto che c'è negli occhi di Klaus trafigge le pupille di Nicole che abbassa le palpebre, vinta.

SCENA 65

CIRCOLO DEL TIRO AL VOLO. INTERNO GIORNO

P.P. di Jean perplesso, e preoccupato. Dalla cornetta che ha ancora in pugno viene l'eco dello squillo del telefono: il segnale di libero, conseguente al disinserimento della spina operato da Klaus.
Jean riattacca lentamente. Una ruga profonda gli solca le fronte. La voce di Danielle lo fa trasalire.

VOCE DANIELLE
Qualcosa non va?

Jean si volta di scatto e si trova di fronte a Danielle che lo guarda con una curiosità lievemente ironica. Jean alza le spalle.

JEAN
No... anzi va tutto bene.

SCENA 66

PALAZZO DI JEAN. ESTERNO NOTTE

E' notte fonda. La città è quasi silenziosa. Pochi suoni di motori rompono la quiete spegnendosi subito nella leggera nebbia che aleggia sulle cose.
Le finestre del superattico sono buie. Una finestra dell'attico é invece illuminata.
Dietro i vetri bui di una delle finestre del superattico, un volto si intravede. E' quello di Klaus. I suoi occhi inespressivi, gelidi, fissano il riverbero luminoso che viene dalla finestra della stanza da letto di Jean,
La luce si spegne. Il volto di Klaus resta immobile e inespressivo.

SCENA 67
STANZA DI JEAN. INTERNO NOTTE

Jean e Danielle sono a letto. La donna dorme, girata su un fianco.
Jean si china verso di lei e ne scruta il volto disteso nel sonno. Resta a lungo a guardare quel volto, così bello, cosi lontano a un tempo.
Butta giù le gambe dal letto e resta seduto sulla sponda a pensare.
Alza gli occhi al soffitto verso il superattico. E' incerto. Poi si scuote, si alza, afferra la vestaglia che é sulla poltrona in fondo al letto. Se la infila. Fa il giro del letto. Si china ancora a scrutare sul volto di Danielle che dorme. Poi esce dalla stanza.

SCENA 68

STUDIO JEAN. INTERNO NOTTE

Senza far rumore e senza accendere la luce, Jean apre un tiretto del suo tavolo, di lavoro e prende qualcosa che luccica: è la chiave dell'appartamento di Nicole.
Torna ad alzare gli occhi al soffitto. E' combattuto fra due desideri, poi va verso l'ingresso.

SCENA 69

STANZA DA LETTO DI JEAN. INTERNO NOTTE

Danielle ha gli occhi bene aperti. Tiene il capo lievemente sollevato dal cuscino, attenta, ai rumori della casa.
E' tutto silenzio e riesce a captare il lieve scatto della porta d'ingresso che viene aperta e richiusa.
Guarda l'orologio che ha sul comodino, senza accendere la luce, inclinando il quadrante in modo che prenda un po' del riflesso esterno: sono quasi le due.

SCENA 70
PIANEROTTOLO SUPERATTICO. INTERNO NOTTE

Jean infila senza far rumore la chiave ancorata al tassello di plastica nella serratura della porta dell'appartamento di Nicole.
Gira la chiave e la serratura si apre con un piccolo scatto.
Jean sbircia all'interno: tutto è buio e silenzio. Sguscia dentro, accostando l'uscio ma senza spingerlo fino a chiuderlo, come se volesse lasciarsi una via di ritirata.

SCENA 71
APPARTAMENTO NICOLE. INTERNO NOTTE

Jean é immobile nell'ingresso, con la mano ancora sul battente, dell'uscio, pronto a saltar fuori se la situazione lo richiedesse. Il buio dell'ingresso lascia appena intravedere la forma dei mobili.
Dal fondo del corridoio, di sotto la porta che dà in camera da letto di Nicole filtra una linea di luce.
Jean lascia l'uscio accostato a avanza piano.

SCENA 72

CAMERA JEAN. INTERNO NOTTE

Danielle è tesa col volto girato verso il soffitto come se sperasse di vedere attraverso ai esso. Sente il suono attutito, lento dei passi di Jean che cammina sopra.

SCENA 73

APPARTAMEMO NICOLE. INTERNO NOTTE

Dallo spiraglio dell'uscio Jean sussurra il nome della donna

JEAN

Nicole?

a voce bassa della donna risponde esitante

NICOLE

Sì, vieni... sono qui.

Jean apre di più la porta, senza entrare. Nicole è raggomitolata sul letto sfatto e lo fissa coi suoi occhioni sgranati. E' evidente che ha paura, che è successo qualcosa.

Jean dà un'occhiata alla stanza, poi muove un passo verso di lei.

JEAN

Che è successo?

Nicole salta giù dal letto e gli corre fra le braccia, aggrappandosi a 1ui che resta quasi freddo.

NICOLE

Klaus! E' tornato Klaus...e io non ho saputo ... non ho saputo... hai capito, Jean, hai capito!

Nicole singhiozza e Jean cerca di consolarla.

JEAN

Nicole, calmati...

SCENA 74

CAMERA JEAN. INTERNO NOTTE

Danielle tende l'orecchio nel silenzio della notte.

Si alza dal letto e si infila la vestaglia. Ogni gesto è carico di attesa, di suspense.

SCENA 75

APPARTAMENTO NICOLE. INTERNO NOTTE

Nicole, col volto premuto contro il petto di Jean fissa una grande tenda di velluto che orna la finestra. La tenda ondeggia come se dietro si celasse qualcuno.

Jean non se ne avvede, anzi accarezzando Nicole si avvicina alla tenda e le volge le spalle, appoggiandosi ad un grosso inginocchiatoio sormontato da un pesante crocefisso di bronzo. Jean guarda il crocefisso, poi torna a guardare Nicole, sollevandole la faccia per farsi guardare negli occhi.

JEAN

Nicole amore mio, guardami, perché sei così sconvolta...

Le mani di Jean scendono ad accarezzare il corpo della donna avvolto solo dalla vaporosa camicia di nylon. E' una carezza estremamente possessiva che scende lungo tutta la schiena

JEAN (eccitato)
Da Klaus non dovrai temere più nulla...

mentre Jean parla la tenda di velluto si scosta un poco e appare il volto di Klaus.

JEAN
Lo arresteranno, sarà internato in un manicomio...

Klaus afferra il cordone della tenda, tesandolo fra le mani. Lo alza avvicinandolo alla gola di Jean che gli volta le spalle, parlando con Nicole

JEAN
Non avrai più paura di lui. Cerca di vederlo per quello che è: un povero malato.

Klaus scatta in avanti col cordone teso fra le mani. Jean si volge di scatto ma il cordone gli è già intorno al collo.

SCENA 76

CAMERA JEAN. INTERNO NOTTE

Danielle si torce le mani in preda a una grande ansia. Da sopra vengono i rumori di una colluttazione e poi il fragore di un vetro infranto. Corre fuori.

SCENA 77

SCALE E PIANEROTTOLO SUPERATTICO. INTERNO NOTTE

Danielle corre su per le scale. Arriva sul pianerottolo, si precipita contro la porta dell'appartamento di Nicole che si apre senza difficoltà. Corre dentro.

SCENA 78

APPARTAMENTO NICOLE E TERRAZZO. INTERNO/ESTERNO NOTTE

Danielle corre lungo il corridoio verso la porta socchiusa della camera di Nicole. La spalanca.

La vetrata che dà sul terrazzo è stata infranta: davanti ai resti del vetro e aggrappata a uno dei tendaggi lacerati, c'è Nicole.
La donna è talmente concentrata per ciò che sta succedendo sul terrazzo da non accorgersi di Danielle se non quando ce l'ha accanto.
Sobbalza di paura sentendosi qualcuno alle spalle. Danielle la guarda un attimo e si volta verso nel buio del terrazzo.

Come visto dalla vetrata del superattico di Nicole:

strettamente avvinghiati l'uno contro l'altro, Jean e Klaus stanno lottando a. ridosso del basso muretto che cinge il vasto terrazzo del superattico.

Klaus ha abbandonato il cordone della. tenda che pende ancora alle spalle di Jean e sta cercando di strozzarlo con le mani guantate.
Jean si difende rabbiosamente piantando le unghie sul volto di Klaus che si riga di sangue.

Jean dà un pugno allo stomaco di Klaus che accusa il colpo e barcolla contro il muretto. Evita un secondo colpo di Jean e tira fuori un coltello a serramanico. Fa scattare la lama e Jean arretra fino contro la balconata.

Klaus vibra un primo colpo, Jean lo evita saltando oltre il muretto. Ora Jean si trova su di uno scivolo di cemento piastrellato a mosaico molto sdrucciolevole e sotto di lui si spalanca l'abisso della strada.

Nicole e Danielle seguono la lotta dalla finestra col fiato sospeso. Danielle si aggrappa al vetro rotto che le taglia la carne facendone colare sangue.

Klaus scavalca, a sua volta la balconata. Jean tenta di spostarsi, ma gli scivola un piede: per un attimo si ha l'impressione che sia perduto, invece riesce ad aggrapparsi con una mano a una grondaia.
Klaus ne approfitta, lo afferra e alza il pugnale.

Danielle e Nicole vedono la lama del pugnale brillare al chiarore che viene dalla strada, poi la lama scompare oltre il muretto e si sente il grido di Jean.

Nicole volge via la testa sconvolta. Danielle resta a guardare come istupidita la lama di quel coltello impugnato da Klaus che torna ad alzarsi: stavolta. rossa di sangue per immergersi una seconda volta nel corpo della vittima.

Klaus, tenendo il corpo inerte di Jean, torna sul terrazzo. Si tira dietro il corpo e lo lascia cadere sul pavimento. Pulisce il coltello sugli abiti di Jean il cui volto immobile, gli occhi sbarrati nella morte, è più eloquente di qualunque dichiarazione dell'assassino.

Klaus viene avanti, verso le due donne.

KLAUS

Il più è fatto... adesso lo metto in macchina e farò in modo che lo trovino talmente arrostito da pensare a un incidente...

Allunga la mano ancora macchiata di sangue verso Danielle.

KLAUS
Le chiavi...

La donna fissa quella mano s insanguinata come se vedesse concretarsi in essa tutto l'abominio della sua partecipazione al delitto.

Deve intervenire Nicole che è tornata ad essere fredda

NICOLE
Ne ho io una copia...

va a prendere un mazzo di chiavi d'auto in un tiretto e le getta a Klaus.

KlAUS (a Danielle)
La macchina è parcheggiata sul retro del palazzo?

La donna, molto scossa, non risponde subito e Klaus la deve scuotere prendendola per un braccio.

KLAUS
La macchina... ha fatto come le ho detto?

Danielle annuisce. Klaus torna verso i corpo di Jean e lo afferra per le spalle tirandolo verso la stanza. Danielle arretra tremando, balbetta:

DANIELLE
No... non voglio vederlo... non posso...

KLAUS
Si calmi. Dobbiamo avere nervi ben saldi... tutti quanti.

Danielle continua a scuotere il capo e ad arretrare verso la porta mentre Klaus è giunto al vetro rotto tirandosi appresso il cadavere di Jean. Nell'issarlo per tirarlo dentro Danielle vede il capo del marito che ciondola, senza vita mentre gocce di sangue gli colano sul collo. Si sente svenire e Nicole la spinge fuori.

NICOLE (le sussurra)
Vai via Danielle... va a casa... ti chiamerò quando tutto sarà finito... va!

Danielle infila la porta aperta e corre via.

SCENA 79
STRADA A MEZZA COSTA. ESTERNO ALBA

La luce è quella livida dell'alba.

Una mano traccia sull'asfalto una lunga riga con il gesso. Seguendo la mano e la riga arriviamo sul ciglio di un burrone, dal fondo del quale sale una nera colonna di fumo.
Sul ciglio alcuni agenti della stradale, poliziotti, curiosi. Un'autoambulanza è in attesa con porte spalancate.

Due fotografi scattano fotografie . Nel burrone c'è una Lamborghini che brucia.

Un commissario allontana alcuni giornalisti che chiedono

GIORNALISTA
Chi c'è dentro? Cos'è successo?

il commissario non risponde, va invece a interrogare alcuni agenti della Scientifica

COMMISSARIO
Allora?

Il tecnico si stringe nelle spalle.

AGENTE
Nessun segno di frenata... è andato giù a capofitto senza neanche accorgersene. Forse un colpo di sonno. Quel poco che resta del corpo è carbonizzato...

COMMISSARIO
Telefonate alla moglie per il riconoscimento anche se c'è poco da riconoscere.

AGENTE
Subito, Commissario.

GIORNALISTA
E' la macchina di Jean Reynaud, vero?

Il commissario si volta a guardare il rottame fumante in fondo al burrone e annuisce.

SCENA 80

OBITORIO. INTERNO GIORNO

Su un tavolo di marmo, una mano d'uomo allinea un anello matrimoniale alcuni brandelli di stoffa bruciacchiata,

Davanti a questi macabri cimeli c'è Danielle, dall'altra parte del tavolo il commissario e un agente.
Danielle fissa stralunata quell'anello. Allunga le dita lo prende, lo guarda dentro: c'è scritto: JEAN E DANIELLE

Lo stringe in pugno e abbassa il capo. Il commissario sospira e annuisce

COMMISSARIO
E' il suo anello, vero?

Danielle annuisce appena.

COMMISSARIO
E questa?...

La donna alza gli occhi bagnati di lacrime sui brandelli bruciacchiati che il commissario le sta mostrando.

DANIELLE

Sembra... il suo vestito.

COMMISSARIO

Si faccia coraggio, signora.. dev'essersi addormentato al volante... è morto senza accorgersene, se le può essere di conforto.

Danielle china il capo. Il commissario scartabella dei fogli e poi dice in tono inquisitorio:

COMMISSARIO

Sa che suo marito aveva ceduto il proprio pacchetto azionario della Società Chimica ad una certa... Nicole Perier. La conosce?

Danielle sembra di ghiaccio

DANIELLE

Sì, abita sopra, di noi. Ma non mi sono mai interessata troppo delle amanti di mio marito. Si vede che è riuscita ad abbindolarlo fino a quel punto...

e indica con un cenno della testa verso le carte del commissario, poi conclude sconsolata

DANIELLE

... Ma ormai non ha più importanza.

Il commissario si alza e chiude gli incartamenti avvicinandosi a Danielle, affettuoso.

COMMISSARIO

Chissa'... forse era solo un espediente fiscale... a lei comunque resta il pacchetto di minoranza.

Danielle alza le spalle a sottolineare il suo disinteresse per simili cose. Il commissario la prende per un braccio e le dice triste

COMMISSARIO

Un'ultima formalità, signora Reynaud. Deve riconoscere... i resti.

Danielle nega spaventata

DANIELLE

No, Commissario... no...

COMMISSARIO

Si faccia coraggio... è la legge.

e scorta la donna attraverso un corridoio, entrano in uno stanzone in cui si aprono le celle frigorifere.
Un inserviente tira fuori una barella dallo scaffale frigorifero. Il Commissario dà un'occhiata a Danielle e poi scopre il cadavere.

ZOOM sugli occhi. allucinati di Danielle che fissa per un attimo le spoglie carbonizzate e poi volta, via la testa colta da una crisi di singhiozzi..

Il Commissario fa un cenno all'inserviente che copre il cadavere col lenzuolo.

SCENA 81

ASCENSORE CASA JEAN. INTERNO GIORNO

Il volto di Danielle è di nuovo gelido e impassibile.

La luce dei vari piani che passano creano su di esso giochi di luci e di ombre che passano nei suoi occhi freddi e inespressivi.

L'ascensore si ferma al piano e la donna scende.

SCENA 82

PIANEROTTOLO CASA JEAN. INTERNO GIORNO

Danielle apre la borsetta, prende le chiavi., apre la porta, entra, e richiude senza rumore

SCENA 83

INGRESSO E CORRIDOIO CASA JEAN. INTERNO GIORNO

Danielle attraversa l'ingresso e percorre lentamente il corridoio. Entra in camera da letto.

SCENA 84

CAMERA DA LETTO JEAN. INTERNO GIORNO

L'interno della camera è in penombra. Danielle entra, dà un'occhiata verso il letto e poi va allo specchio della toilette. Posa la borsa. Si guarda nello specchio poi comincia a spogliarsi. Si sfila il vestito, i guanti, si slaccia la guepière. Posa gli indumenti su una poltrona, uno alla volta, con cura. Si slaccia il reggiseno, volta le spalle e lo posa sulla poltrona.
Poi si siede sul bordo del letto e si piega por sfilarsi le calze.

Con EFFETTO SORPRESA dal bordo del fotogramma, alle sue spalle, entrano in campo due mani tese. Sembrano volerla afferrare per farle del male e invece all'ultimo momento si posano a palme aperte sulla sua schiena. Danielle ha un brivido, ma non ha paura. Resta rigida, con gli occhi socchiusi a godere di quel contatto. Le mani le scendono ai fianchi e poi la tirano giù verso il letto.
Nel movimento di caduta di Danielle scopriamo Nicole: le mani erano lei sue.

Anche Nicole è seminuda e si puntella sui gomiti sopra a Danielle, nascondendola in parte col proprio corpo.
Nicole gioca morbosamente coi capelli di Danielle e le sorride.

NICOLE
Cara... adesso devi sciogliertì, rilassarti... è tutto, finito... ho letto i giornali, parlano di un fatale incidente.. il commissario ha qualche sospetto?

Danielle scuote il capo .

DANIELLE
No... ma ho dovuto, vedere il corpo.

fatica a parlare, ancora sconvolta. Nicole sorride e continua ad accarezzarla con dolcezza.

NICOLE
Una formalità spiacevole... te l'avevo detto che sarebbe stata la prova più dura.

DANIELLE (ricorda con orrore)
Era irriconoscibile... Tutto bruciato... oh, Nicole, che cosa orribile!

NICOLE
Non pensarci più... l'importante è che hai raggiunto quello che volevi. Lui morto e tu ricca.

Danielle fissa Nicole, prendendole la mano

DANIELLE
Lui morto e tu ricca... sei la nuova padrona di tutta l'azienda...

Nicole sembra sorpresa, poi comincia a ridere, prima piano e poi più forte lasciandosi andare sulla schiena

NICOLE
Un'idea sua. Mi chiese di fare da prestanome proprio una settimana fa... Io non ci capii niente.

Danielle la fissa ostile. Nicole torna a tirare a sé l'amica e le sfiora la pelle con le labbra.

NICOLE
Non fare quella faccia, adesso... o io o tu é la stessa cosa.

Danielle si ritrae di scatto. Nicole la fissa con improvvisa durezza

NICOLE
Che ti prende? Se non ti aveva detto niente hai un motivo di più per odiarlo.

DANIELLE (rabbrividisce)
Tu non l'hai visto... in quel... oh Dio!

Si prende la testa fra le mani. Nicole sospira, sbuffa. Poi con pazienza le dice

NICOLE
Su, non fare così. Non ne potevi più di lui... adesso è morto... era quello che volevi, no?

DANIELLE (atona)
Non so più se ero io a volerlo o tu.

Nicole si abbassa, a sfiorarle le labbra e Danielle non ha reazioni, ma i suoi occhi restano spalancati, pieni di orrore per quello che ha visto. Nicole si ritrae

NICOLE
Sei già pentita? Eppure eri tu che lo odiavi... che dovevi sopportarne la vicinanza.

Danielle continua a guardare Nicole con occhi sbarrati.

DANIELLE
Tu non l'hai visto... non hai visto il suo corpo bruciato... Una cosa senza forma... orribile!

Nicole fa un gesto di impazienza.

NICOLE
Basta Danielle. E' tardi per recriminare. Ho rischiato tutto per aiutarti... cosa credi, che a me facesse piacere stare con lui? Ti ricordi la prima notte? Io e lui di sopra e tu qui a tormentarti... a piange- re... per chi, Danielle, per lui o per me?

Danielle volge di. scatto il capo di lato. Gli occhi le si riempiono di lacrime.

DANIELLE
Se non ti avessi mai incontrato... lui avrebbe continuato a vivere... e io con lui.. con il mio disgusto malato... con la mia ossessione... ma senza questa tortura .

Si porta una mano sul cuore come se volesse imprigionarlo con le dita.

Danielle fissa Nicole con gli occhi. pieni di lacrime, allucinati da un rimorso che non avrà mai pace

DANIELLE
Io non ho capito quello che abbiamo fatto finchè non l'ho visto su quella barella. Sei tu che mi hai cambiata... che mi hai fatto scopri re chi sono... io non l'avrei mai saputo!

Ora negli occhi di Danielle brilla una rabbiosa. accusa. Nicole si alza di, scatto.

NICOLE
Basta. Ho capito. Non hai più bisogno di me.

Nicole comincia a rivestirsi e Danielle si allunga sul letto aggrappandosi a lei

DANIELLE
No, Nicole... non lasciarmi., io non posso star qui sola! Siamo colpevoli tutt'e due nella stessa maniera... dobbiamo stare insieme sempre.

NICOLE (con rabbia)
Se è per i soldi faremo a metà come d'accordo.

DANIE.LLE (disperata)
No, non è per i soldi. Non solo per i soldi. Io ho paura di star sola. Stai qui .

Nicole esita

NICOLE

Per sentimi rinfacciare tutti i giorni quello che ho fatto per te? Per farmi tormentare, ossessionare... e un giorno, chi sa, chiudere in galera... perché se ti comporti così è lì che finisci o al manicomio... e io non ho nessuna intenzione di seguirti.

Danielle ansima, comprimendosi il petto. Ha gli occhi pieni di lacrime. Si sente male. Nicole si muove per andare ma Danielle non la lascia

DANIELLE

Non andare via... hai ragione tu, come sempre... adesso è inutile avere rimorsi... è inutile.

Nicole sospira, scuote il capo, sorride al volto supplice dell'amica e si siede sul bordo del letto. Accarezza il volto della donna.

NICOLE

Non contava niente. Danielle, niente... Non devi piangere per lui... Non c'è più, come non ci fosse mai stato. Tra un anno, tra cento... chi era Jean Reynaud? Jean Reynaud è già ora solo un suono di sillabe senza senso. Non roviniamoci i nostri giorni vivi, caldi, reali... bisogna goderla la vita... perché dura sempre troppo poco...

così sussurrando, avvicinandosi lentamente al volto di Danielle, gli occhi negli occhi come a volerla ipnotizzare, avvicina le sue labbra a quelle della donna. Danielle si getta fra le braccia di Nicole che la accarezza con grande dolcezza.

Il telefono suona. Da f.c. le voci di Danielle e Nicole.

VOCE DANIELLE
Bisogna rispondere... fallo tu.

VOCE NICOLE
Sì, amore.

Una mano entra in c. e prende il ricevitore. Poi entra in c. Nicole strisciando sul letto per avvicinarsi al telefono.

NICOLE
Hallò?

Nicole ascolta quello che le viene detto per telefono e il suo sguardo va a Danielle che giace riversa sul letto, abbandonata, con gli occhi chiusi, come se avesse deciso di non lottare più con se stessa

NICOLE (al telefono)
Okay. Sei stato perfetto.. sì certo... è qui con me.

ora Danielle apre gli occhi e Nicole le sorride, copre con una mano il microfono del telefono e sussurra:

NICOLE
E' Klaus.

poi subito di nuovo al telefono:

NICOLE (al telefono)
Tutto come abbiamo stabilito . No. . non abbiamo visto nessuno dopo la disgrazia.

Danielle guarda Nicole di nuovo in tensione per quel suo modo di dire la parola "disgrazia". Nicole le sorride rassicurante.

NICOLE (al telefono)
Veniamo noi. Meglio uscire un po'. Aspettaci.

riattacca il telefono. Guarda pensierosa Danielle e dice.:

NICOLE (a Danielle)
Klaus ci aspetta, in quella pensione. Vuole i soldi. Li hai preparati?

Danielle annuisce, si alza e si getta, sulle spalle una vestaglia. Va a trafficare in un cassetto mentre Nicole comincia a pettinarsi davanti allo specchio. Si guarda, e dice quasi tra sé

NICOLE
Paghiamo Klaus e restiamo io e te... sole, libere, ricche.

SCENA 85

HALL PENSIONE KLAUS. INTERNO GIORNO

DETTAGLIO-. una secchiata d' acqua insaponata viene gettata su un pavimento di. mattonelle.

Una donna sulla cinquantina, trasandata, sfasciata, getta un lurido strofinaccio nell'acqua grigia a poi comincia a spingerlo con uno scopettone sollevando onde d’acqua sporca.

Un’ondata arriva fin sui piedi di Danielle e Nicole che sono ritte sulla soglia dell'ingresso della stamberga. Danielle si guarda intorno: muri scrostati, un bancone sbilenco, sporcizia ovunque.
E’ la hall di una pensione di infimo ordine.

NICOLE
Il signor Klaus, per favore.

La donna le dà un’occhiata di traverso e poi fa una boccaccia

PADRONA PENSIONE
Due per volta adesso.

poi indica la scala che sale sul fondo e dice

Stanza numero undici.

Nicole prende Danielle per mano e si avviano. La donna le segue con uno sguardo critico e poi raccomanda:

PADRONA PENSIONE
E non sporcatemi le lenzuola con le scarpe!

Danielle si volta indignata ma, Nicole sorride e le fa cenno di tacere

NICOLE
Meglio che ci creda di quelle, vieni!

Danielle si lascia guidare. Salgono, mentre la donna riprende a spingere lo straccio ml pavimento.

SCENA 86

CORRIDOIO PENSIONE KLAUS. INTERNO GIORNO

Lo stretto corridoio sudicio e buio e deserto. Danielle e Nicole lo percorrono cercando di leggere gli sbiaditi numeri dipinti con la vernice sulle porte che si affacciano da entrambi i lati.

NUMERO 11

Nicole sorride a Danielle per farle coraggio, poi bussa in modo convenzionale. Nessuna risposta.

Nicole bussa di nuovo. Niente. Incerta tenta la maniglia e la porta della stanza si apre. Nicole si affaccia.

NICOLE (chiama a bassa voce)
Klaus?

non ottenendo risposte. apre di più l'uscio e dice a Danielle

NICOLE
Entriamo... sarà uscito un attimo.

Danielle esitando segue Nicole dentro la stanza.

SCENA 87

STANZA PENSIONE KLAUS. INTERNO GIORNO

Una stanza sordida. Un letto sfatto con lenzuola poco pulite. Un tavolo sgangherato, qualche rivista di donne nude a terra accanto al letto. Una valigia aperta con un po' di biancheria in subbuglio. Al. tri pochi effetti personali sparsi qua e là.

Su un basso comodino c'è un lumetto, un piattino da caffè colmo di mozziconi e accanto il portasigarette d'oro che Danielle aveva regalato a Jean,

Nicole si siede sul bordo del lettino e tira fuori una sigaretta. Ne offre a Danielle.

NICOLE

Vuoi?

Danielle scuote il capo e si guarda intorno a disagio. La stanza non riesce a prendere luce dalla finestrella che si apre nell'interno di un cortiletto a pozzo.

Si avvicina al comodino e preme 1'interruttore che accende il lumetto: una fioca luce giallastra si spande nelle immediate vicinanze.
Danielle. si irrigidisce spaventata. Fissa, senza osare toccarlo il portasigarette d'oro, balbetta.

DANIELLE

Nicole,.. quello.. quello era di Jean.

Nicole si alza, guarda il portasigarette d'oro. Lo prende e lo soppesa sulla mano.

NICOLE

Quello stupido di Klaus non ha resistito alla tentazione di rubarlo.

lo butta a Danielle

Tienilo tu. Qui potrebbe essere una prova.

Danielle afferra il portasigarette e se lo rigira fra le mani, incerta. Poi preme il pulsantino che
ne comanda l'apertura. Il portasigarette si apre di scatto:

ZOOM sulla foto di Danielle incastonata nell'interno sulla quale è stata vergata una scritta:

MORIRAI ANCHE TU

Danielle lascia cadere il portasigarette con un grido

NICOLE (in allarme)
Zitta!

si china e legge a sua volta la scritta vergata sulla foto di Danielle. Chiude con rabbia il portasigarette e poi dice

NICOLE
Klaus che ha il senso del macabro.

DANIELLE
Sembra la grafia di Jean.

NICOLE
Jean è morto no? Tu hai riconosciuto il corpo.

Danielle non risponde. Nicole afferra la doma e la scuote. Ripete con forza

NICOLE
L'hai riconosciuto sì o no?

DANIELLE
Era solo un corpo bruciato...

Nicole fa un gesto ai impazienza.

NICOLE

Ci sarà pur stato qualcosa che ti ha fatto capire che era proprio Jean!

DANIELLE

La stoffa del vestito. L'anello...

Nicole intasca il portasigarette con improvvisa decisione:

NICOLE

Questo è sicuramente un gioco di Klaus per aumentare il suo prezzo... andiamo via.

afferra Danielle per un braccio e la spinge fuori dalla stanza.

SCENA 88

HALL PENSIONE KLAUS. INTERNO GIORNO

Due mani strizzano l'acqua sporca dallo strofinaccio facendola colare in una tinozza.
E' la padrona della pensione che si drizza sentendo avvicinarsi Danielle e Nicole che scendono dalla scala. Le scruta con sospetto.

PADRONA

Già finito?

Nicole lascia indietro Danielle e si avvicina alla donna

NICOLE
Il signor Klaus non é nella sua stanza.

PADRONA
Di qui non è uscito.

NICOLE
Senta un po'

fa scivolare nella tasca del grembiule della donna una banconota

Che tipo è questo signor Klaus? Me lo può descrivere?

PADRONA
Un biondo... non molto alto.. con ma faccia simpatica e due occhi neri neri. Uno che deve sapere il fatto suo.

Danielle vacilla: è la descrizione di Jean.

SCENA 89

APPARTAMENTO JEAN. SALONE. INTERNO NOTTE

DETTAGLIO: il registratore posato su un tavolo, sta trasmettendo le note solenni dell' *ADAGIO DI TOMASO ALBINONI*

DETTAGLIO indietro a scoprire Jean che sta seduto su una poltrona davanti al telefono. Ha la camicia slacciata e la cravatta che gli pende sul davanti. Beve, concentrato nell'ascolto.
Il telefono squilla. Jean lo fissa poi fa cenno a qualcuno F.C.a significare che lui non c'è.

Una mano di donna alza la cornetta.

VOCE DANIELLE

Hallò?... No, mio marito è fuori da una settimana. Un giro d'affari.

Carrello sul volto di Jean che fissa F.C.:
ha un'espressione diversa dalle solite. Un'espressione ambigua, tesa.

P.P. Piano di Danielle che eccitata stringe il ricevitore del telefono:

DANIELLE

Come?! Oh, no! Quando è successo?

Danielle si volge a Jean e sibila eccitata, coprendo il microfono con la mano in modo da non farsi sentire:

DANIELLE

E' scoppiato un incendio ai depositi di Rue Bergere! Sta bruciando tutto.

Jean si alza accostandosi calmo al telefono. Prende il ricevitore che Danielle gli passa, con l'altra, mano afferra il filo e con uno strattone stacca la spina.

DANIELLE
Ma Jean, sei impazzito? Brucia la fabbrica e tu... fingi di essere in viaggio nel Sud?

JEAN
Sì, sparito al momento giusto per riapparire al momento giusto. Un anno fa ho assicurato i depositi di Rue Bergere per un bel mucchio di soldi. Il triplo del loro valore. Come vedi non sono sparito per caso.

Danielle lo fissa interdetta, come se scoprisse nel marito un lato a lei ignoto.

DANIELLE
Ma Jean ti rendi conto? E' ignobile.

Lento zoom sul viso freddo e deciso di Jean.

JEAN
Forse... ma un uomo che sa il fatto suo non può avere scrupoli.

Di nuovo lo zoom sul volto di Jean per dare l'idea dell'ossessione di Danielle.

JEAN
Non può avere scrupoli...

Ancora lo zoom sul volto di Jean per la terza volta.

JEAN
-...sparito al momento giusto per riapparire al momento giusto... per riapparire al momento giusto...

SCENA 90

HALL PENSIONE KLAUS. INTERNO GIORNO

P.P.: il volto di Danielle. Sembra ancora un quadro della scena precedente.
Danielle agita la testa con gli occhi chiusi balbettando

DANIELLE
Jean... Jean...

una mano le dà due schiaffi sulle guance. E' Nicole. Danielle è sdraiata sul lurido divano della hall e la padrona guarda le due donne con aria di aperto rimprovero

PADRONA
Per andar giù così dev'essere ridotta male.

Nicole dà un'occhiataccia alla donna

NICOLE
Stia zitta.

Poi vede che Danielle sta aprendo gli occhi e la tira su

NICOLE
Danielle, su, che ti prende...

Danielle si aggrappa a Nicole e bisbiglia,

DANIELLE
Un incubo. Andiamo via di qui... andiamo via.

Nicole è d'accordo e l'aiuta a mettersi in piedi e le due donne escono sotto lo sguardo disapprovazione della padrona.

SCENA 91
PALAZZO JEAN. ESTERNO TRAMONTO.

Da un taxi scendono Nicole e Danielle. Sta imbrunendo. Nicole sostiene Danielle fino all'ingresso del palazzo. Il portiere si leva il berretto.

PORTIERE
Ha bisogno d'aiuto, signorina?

Nicole sospira.

NICOLE
Una crisi di nervi. Sa, dopo quello che è successo. Sia gentile: corra in farmacia e si faccia dare un sedativo.

PORTIERE

Certo, subito.

Mentre il portiere corre via, le due dome entrano nel palazzo.

SCENA 92

INGRESSO E CORRIDOIO APPARTAMENTO JEAN. INTERNO SERA

Una chiave viene infilata nella toppa, da fuori. Con diversi scatti gira nella toppa. e la porta si apre.

Nicole si fa di lato e rende la chiave a Danielle che esita sulla soglia.

DANIELLE

Tienila tu...

Nicole esita

NICOLE

E' meglio che io vada su... forse Klaus chiamerà lì.

Danielle scuote la testa, già spaventata

DANIELLLE

Non ci sto qui da sola...

Nicole sbuffa, poi decide spingendola in casa.

NICOLE
E va bene, dormirò qui.

le due donne entrano e Nicole si incammina lungo il corridoio e cominciando a mettersi in libertà

NICOLE
Klaus dovrà cercarci per forza e allora gli diremo che non siamo disposte a dargli un centesimo più del pattuito. Che può fare? Denunciarci non può e non si ammazzano le galline dalle uova d'oro... ti pare?

Danielle segue Nicole da presso e dice a bassa voce

DANIELLE
Non lo so... ho paura.

NICOLE
Su, ordiniamo piuttosto qualcosa da mettere sotto i denti... com'è il numero del ristorante?

DANIELLE
Non ho fame.

Nicole apre la porta della stanza da letto e scompare oltre la soglia. Danielle si avvicina e sente la voce del'amica da dentro.

VOCE NICOLE
So io come trattare Klaus,.. non ti preoccupare..

SCENA 93

STANZA DA LETTO JEAN. INTERNO SERA.

Nicole si sfila il vestito e lo getta su una poltrona. Si muove per la stanza come se fosse la padrona. Si infila un paio di pantofole. Danielle la guarda dalla soglia. Nicole le sorride e dice, indicando le pantofole.

NICOLE
Non ti dispiace, vero?

Danielle non ci bada neppure, dice piano

DANIELLE
La calligrafia era di Jean.

Nicole si ferma incerta, come se non riuscisse a collegare, poi si illumina.

NICOLE
L'avrà imitata Klaus... non pensarci più... Se Jean fosse vivo non avrebbe motivo di nascondersi... almeno a te...

Nicole esce per andare a telefonare al ristorante, e Danielle resta sola nella stanza. Si avvicina al vestito di Nicole, vede la borsetta, la apre e prende il portasigarette.

Lo apre e resta a fissare la propria immagine con quell'orribile scritta di traverso.
Sussurra:

DANIELLE
Lo terrai con te per tutta la vita... e dopo?

rabbrividisce e chiude di scatto il portasigarette. Si porta una mano sul volto in un gesto di stanchezza.

SCENA 94

PALAZZO JEAN. ESTERNO NOTTE

Cade una pioggerella che rende lucido l'asfalto della strada. Tutte le finestre del palazzo sono buie.
La strada è deserta. Di tanto e in tanto un lontano rumore di motore che si fa distinto a poi si spegne,

SCENA 95

STANZA DA LETTO JEAN. INTERNO NOTTE

Dal DETTAGLIO del portasigarette di Jean semiaperto in cui si vede la foto di Danielle, in PANORAMICA verso il grande letto matrimoniale.

La mano aperta, abbandonata di Danielle, il suo braccio tornito, le anche, il seno appena, coperto dal lenzuolo, il

volte disteso nel sonno. I capelli sparpagliati sul cuscino le fanno da aureola.
Accanto a lei si indovina ancora lo stampo di un altro corpo, ma non c'è nessuno.
Nel silenzio il lieve ticchettio della pioggia sulla vetrata.
Le gocce si rincorrono lungo il vetro.
Il volto di Danielle è illuminato soltanto dal riverbero dei fanali della strada e quel riverbero è ombrato dalle gocce d'acqua che colano sui vetri, come lunghe sottili ombre di lacrime.

SCENA 96

AUTOSTRADA. ESTERNO GIORNO

Danielle è alla guida di una spider e al suo fianco siede Jean. La strada si snoda a folle velocità oltre il parabrezza dell'auto. Danielle continua ad accelerare. Jean le dice

JEAN
Piantala Danielle... ci fracasseremo... Vai più piano!

ma Danielle stringe le labbra ostinata. Il suo piede preme ancora di più l'acceleratore. Esegue un sorpasso azzardato

JEAN (grida)
Cosa vuoi dimostrare? Rallenta.

allunga la mano per arrivare alla chiavetta del motore, ma Danielle tocca il freno. L'auto sbanda e Jean deve aggrapparsi al portaoggetti per non sbattere.

DANIELLE
Non provarci più... io so quel che faccio.

L 'auto abborda una curva, le gomme stridono.

JEAN
Attenta!

Un cane trotterella attraversando la strada. L'auto piomba su di lui. La frenata inutile e disperata. L'urto contro la povera bestia. L'auto fa testa e coda prima di fermarsi nel f osso erboso.

Danielle si sporge a guardare verso il cane maciullato.

ZOOM AVANTI: ma non sul cane, sul corpo informe e bruciato di Jean

P.P. di Danielle che balbetta

DANIELLE
L'ho ucciso... l'ho ucciso

SCENA 97

APPARTAMENTO JEAN. STANZA DA LETTO. INTERNO NOTTE

P.P. Danielle si torce sul cuscino e balbetta nel sonno

DANIELLE
L'ho ucciso... l'ho ucciso.... l'ho ucciso...

spalanca gli occhi e ci vuole qualche secondo perché realizzi che si è trattato di un incubo.
Dallo studio viene il suono bisbigliato di un parlottio sommesso di cui non si riescono a distinguere le parole.
Danielle affiora lentamente alla realtà, volta il capo verso il posto vuoto accanto a lei. Sussurra:

DANIELLE
Nicole...

e subito si ferma., tende l'orecchio al parlottio sordo che viene dall'altra stanza. Con immediato sospetto, Danielle si alza senza far rumore, scende dal letto e a piedi nudi e si accosta alla porta socchiusa.

La apre un poco e tende l'orecchio alla voce che ora è più chiara.

VOCE NICOLE
Ha i nervi, a pezzi, non credo che resisterà... la tua vendetta è già compiuta... se ti rivede muore di sincope.

SCENA 98

STUDIO JEAN. INTERNO NOTTE

Nicole sta parlando al telefono

NICOLE
Ha sospettato quando ha visto il portasigarette... il biglietto poi... per te è divertente, vero, caro?

con effetto a sorpresa due mani di donna entrano in c. alle spalle di Nicole e si serrano intorno alla sua gola,

DANIELLE
Per te non lo sarà più!

Nicole urla, il ricevitore le sfugge di mano e cade sul tavolo. Danielle, stravolta, stringe la gola di Nicole che si dibatte con esclamazioni soffocate:

NICOLE
Sei pazza... Danielle...

Nicole riesce ad aggrapparsi alle mani di Danielle e a staccarle dalla sua gola. Con un ultimo strattone getta Danielle sul divano.
Nicole resta ansimante a massaggiarsi, la gola

NI COLE
Tu sei pazza... pazza da rinchiudere.

Danielle si trascina verso il ricevitore e supplica:

DANIELLE

Jean! Jean, perdonami...

Si sente chiarissimo il"clic" della comunicazione interrotta. Danielle urla isterica

DANIELLE

Jean!

Nicole le leva, di mano il ricevitore e Io riattacca. Guarda Danielle che trema di angoscia.

NICOLE

Era Klaus. Vuole il doppio.

Danielle fissa Nicole e balbetta:

DANIELLE

No... Ti ho sentita... parlavi con Jean... sì, con Jean! Il vostro gioco è chiaro: siete d'accordo... per sbarazzarvi di me... tu e Jean... che cosa gli hai detto per convincerlo a trasferirti le azioni? ...che lo volevo uccidere, vero? ...ma sei tu, tu che l'hai voluto!

scoppia a piangere, isterica. Nicole si china su di lei, preoccupata

NICOLE

Tu stai male...

DANIELLE

Non mi toccare! Sei una vipera... una...

Nicole si leva, gelida, furiosa

NICOLE,

E va bene. Avrei potuto fare quello che dici. Jean era cotto di me. Sono anche stata tentata di farlo... ma perdio l'hai ben visto morto! Hai visto Klaus pugnalarlo, hai riconosciuto il suo cadavere alla morgue... che altro vuoi? Jean è morto! Morto!

DANIELLE

Ho visto un pugnale sporco di rosso .... e un corpo carbonizzato... poteva essere chiunque... L'anello, il vestito... si possono mettere addosso a chiunque...

NICOLE

Prendi. questo... ti calmerà.

Le porge un flacone con dentro qualche pillola. Danielle lo prende con mano tremante,

NICOLE

Cerca di ragionare, Danielle. Io ti amo.. solo per questo sto ancora qui... potrei andarmene, ho i tuoi soldi... chi potrebbe fermarmi.

Danielle si alza e fa cadere due pillole dal flacone sul palmo della mano. Va verso il bagno e sulla porta si volge. Fissa Nicole con angoscia, ma con spietatezza.

DANIELLE

No, Nicole... sai bene che non ti lascerei andare.

mette in bocca le pillole a conclude muovendo le dita a tenaglia.

DANIELLE
...posso stringere più forte... o semplicemente chiamare la polizia.

entra nel bagno.

Nicole fissa la porta pensosa., Recupera il flacone di pillole e se lo mette in tasca. Poi ribatte sarcastica.

NICOLE
Bei discorsi... era questa la felicità che sognavamo una volta rimaste sole?

Nicole esce sul corridoio diretta alla stanza da letto.
Danielle risponde dalla toilette

VOCE DANIELLE
Sei tu che mi fai pensar male... Se era Klaus perché hai detto quelle cose?

SCENA 99

STANZA JEAN. INTERNO NOTTE

Nicole si lascia andare sul. letto e sospira, Volta la testa verso la porta che ha lasciato apert e dice ad alta voce:

NICOI,E

Quali cose?

Danielle entra e guarda Nicole asciugandosi la bocca col dorso della mano.

DANIELLE

Io ho solo te, Nicole... non mi tradire.

Nicole sorride intenerita e le allunga una mano. Danielle 1a serra fra le sue. Nicole la tira sul letto e la abbraccia

NICOLE

Danielle .... Danielle... lasciamo passare qualche giorno per non dar troppo nell'occhio... poi ce la filiamo io e te... una crociera... una lunga crociera.

Danie1le chiude gli occhi sorridendo rassicurata.

SCENA 100

CASA JEAN. ESTERNO KOTTE

Piove a scrosci, a raffiche rabbiose. Un lampo accecante, un tuono scuote la notte.

SCENA 101

CASA JEAN. STANZA JEAN. INTERNO NOTTE

Danielle spalanca gli occhi. La stanza e' al buio. Fuori lo scrosciare forte della pioggia. Il vento passa sotto le porte e fa cigolare i battenti.
Poi un tonfo sordo che viene dal fondo del corridoio, come se qualcuno fosse entrato e avesse chiuso la porta.

Danielle si leva sul gomito, impaurita e soffia

DANIELLE

Nicole.....

e allunga la mano a cercare il corpo dell'amica. Ma la mano tasta il letto vuoto. si stende sul letto e accende la luce. Al lume dell'abat-jour vede che la stanza è vuota.
Una porta cigola, poi il suono di un passo pesante che subito si smorza. Danielle rabbrividisce ma si impone 1a calma, si infila la vestaglia. Si alza e si avvicina alla porta. Ascolta, poi apre piano. Silenzio. Chiama facendosi coraggio e riuscendo a dare un tono normale al la propria voce:

DANIELLE

Nicole!

Nessuna risposta. Danielle si stringe addosso la vestaglia, poi il suo sguardo cade sull'abito di Nicole che sta ancora sulla sedia, accanto alla borsetta e si china a raccogliere dal tappeto il reggiseno e le mutandine di pizzo dell'amica che quindi non può essersene andata.

SCENA 102

INGRESSO E CORRIDOIO CASA JEAN. INTERNO NOTTE

Danielle tenendo stretta al seno la biancheria di Nicole spalanca la porta del bagno ma dentro è buio. Allora corre a spalancare quella del salone, buio anche qui..

DANIELLE

Nicole?

la sua voce trema di paura.

Sente un rumore venire dal piano di sopra, come di un mobile trascinato sul pavimento. Alza di scatto gli occhi al soffitto, lascia cadere la biancheria di Nicole ecorre verso la porta d'uscita. Afferra la maniglia per aprire ma l'uscio non s'apre. Danielle lo scuote, con furia, con rabbia, grida:

DANIELLE

Nicole! Nicole!

ma la porta resiste. La rabbia di Danielle si cambia senza soluzione di continuità in un pianto isterico. Poi si sente il ronzio sordo e monotono di un rasoio elettrico,
Danielle non realizza subito poi quel rumore si fa strada nel suo cervello e si addossa colle spalle alla porta, terrorizzata. Il suono sembra venire del bagno di Jean. Danielle muove due passi incerti, spostandosi di lato e vede una sottile linea di luce sotto la porta del bagno di Jean, attraverso il corridoio. Poco prima tutto era buio e silenzio, ora c'è quella lama di luce che e il distinto ronzio di rasoio elettrico,

Danielle si fa forza. e si avvicina alla. porta cercando di non far rumore, già pronta a vedere qualcosa di orribile, Posa la mano sulla maniglia e il ronzio cessa di colpo. Danielle, con rabbia, spalanca la porta, pronta a tutto.

SCENA 103

BAGNO DI JEAN. INTERNO NOTTE

La luce sulla specchiera è accesa, il rasoio con il cavo ancora innestato nella presa è poggiato sopra la mensola accanto a un posacenere in cui ua sigaretta si sta consumando. Però nel bagno non c'è nessuno. La finestra è chiusa, le tendine immobili.
Danielle trema di terrore, allunga una mano sino a posarla sul rasoio e lo sente caldo. *C'è* una scritta sullo specchio, fatta con un rossetto

MORIRAI ANCHE TU

Danielle cancella, isterica, la scritta e grida:

DANIELLE
Dove sei! Dove sei!?

nessuno risponde, niente si muove. Ma al piano di sopra si sente il rumore di un vetro infranto, lo stesso suono che Danielle udì quella. notte in cui Klaus uccise Jean e poi ecco le note solenni dell' adagio di Albinoni.

Danielle urla:

DANIELLE
Non ne posso più. Basta!

corre fuori dal bagno.
Suona il telefono, Danielle si aggrappa allo stipite della porta e non ha la f orza di muoversi. La musica sale in crescendo e proviene dalla stanza da letto di Jean.

SCENA 104

HALL GRAND HOTEL. INTERNO NOTTE

II maitre sta dietro al bureau con il telefono in mano, dice

MAITRE
Non risponde nessuno...

Nicole, elegante, impellicciata, dice al maitre:

NICOLE
Starà dormendo... Insista finchè non risponde.

poi a un lift

Porti su le valige per favore?

e il lift prende le valige indicate da Nicole e le porta verso l'ascensore.

SCENA 105

STANZA DA LETTO CASA JE AN. INTERNO NOTTE

Danielle si avvicina alla stanza da letto. Oltre la porta socchiusa si odono le note in crescendo dell' ADAGIO DI ALBINONI

Gli occhi di Danielle sbarrati fissano la porta. La musica s'interrompe bruscamente e si ode una lieve risata

VOCE JEAN
Sei tu, Danielle?...

con un grido rauco, Danielle afferra la maniglia e spalanca la porta..

DANIELLE
Jean!... Jean! Basta!

La camera è vuota. Sul letto, con l'impronta del corpo di Danielle, c'è il registratore di Jean. Il nastro scorre silenzioso tra le bobine. Prima che Danielle abbia il tempo di reagire, si spengono tute le luci.
Pazza di terrore, preme inutilmente l'interruttore. Qualcuno ha disinserito l'interruttore centrale. Ora l'appartamento è rischiarato solo dal chiarore che proviene dall'esterno.
All'acme della paura indietreggia, addossandosi senza fiato alla parete. La sua spalla urta contro il citofono. Tremando afferra il ricevitore del citofono e pigia il pulsante di chiamata.

SCENA 106

APPARTAMENTO DEL PORTIERE. INTERNO NOTTE

Un televisore in trasmette a pieno volume una musica di Verdi: è l'ultimo atto dell'Otello, quando il moro di Venezia sta per uccidere Desdemona.

Il portiere segue l'opera e non s'avvede del citofono che suona. Intanto nel televisore Otello si accinge a uccidere Desdemona.

SCENA 107

SALONE CASA JEAN. INTERNO NOTTE

Danielle barcolla verso il telefono che continua a squillare ma si arresta: nell'ombra si distingue, immobile, come un apparizione spettrale una sagoma d'uomo.
Apre la bocca per urla ma non riesce a emettere voce.

DANIELLE (balbetta)
Ti prego, basta, ti prego...

L'ombra non si muove. Solo una delle tende della finestra gonfiata del vento del temporale che imperversa fuori ondeggia avvolgendosi per un attimo intorno alla fantomatica, apparizione.

Di nuovo il telefono riprende a trillare e Danielle lo guarda per un attimo incerta. L'apparecchio
è troppo vicino all'ombra misteriosa per osare avvicinarsi.
Ed ecco che l'ombra si muove, allunga una mano e prende il ricevitore, lo solleva, e lo tende verso Danielle affinché risponda.

ZOOM su quella mano: all'anulare spicca l'anello di Jean.

P.P.P. di Danielle che fissa affascinata, disperata il particolare dell'anello.

Trema tutta, gli occhi inondati di lacrime. Balbetta:

DANIELLE
Jean... oh Jean... sei vivo! E' stata Nicole a combinare tutto... io non so come le ho creduto Jean... è stata lei...

la mano maschile tiene il telefono verso Danielle. Le parole soffocate della donna non sembrano essere giunte all'orecchio dell'uomo.

SCENA 108

CASA JEAN. SALONE. INTERNO NOTTE

Danielle barcolla verso, il telefono ma si arresta: nell'ombra. si distingue, immobile, come un'apparizione spettrale una sagoma d'uomo.
Danielle apre la. bocca, per urla- re. Le labbra le tremano senza emettere voce. L'ombra é immobile, come una statua,,

DANIELLE (balbetta)
Ti prego, basta, ti prego!

L'ombra non si muove. Solo una delle tende della finestra gonfiata dal vento dell'uragano che imperversa fuori ondeggia avvolgendosi per un attimo, intorno alla fantomatica apparizione.

Di nuovo, il telefono trilla, e sembra uno scoppio in tanta tensione. Danielle lo fissa per un attimo incerta. L'apparecchio è troppo vicino all'ombra misteriosa per osare avvicinarsi. Ed ecco, che l'ombra. si muove, allunga un braccio, una mano entra in luce prende il ricevitore, lo solleva e lo, tende verso Danielle come per invitarla a rispondere.

ZOOM su quella mano: all anulare spicca l'anello di Jean.

P.P.P. di Danielle che fissa affascinata, disperata il particolare dell'anello,
Trema tutta, gli occhi inondati di lacrime. Balbetta:

DANIELLE
Jean... oh Jean..., sei vivo! E' stata Nicole a combinare tutto... io non so come ho creduto Jean... è stata lei...

la mano maschile tiene il telefono verso Danielle. Le parole soffocate della donna non sembrano essere giunte all'orecchio dell'uomo.

SCENA 109

GRAND HOTEL. HALL. INTERNO NOTTE

Il maitre al bureau dice al telefono:

MAITRE
Hallo! Hallo!

guarda Nidole che si è appoggiata al banco, e sta fumando placidamente. Nicole lo guarda con aria interrogativa e il maitre dice:

MAITRE
Hanno alzato il ricevitore, ma .... Hallo!

SCENA 110

SALONE JEAN. INTERNO NOTTE

Il volto devastato di lacrime di Denielle. Accanto alla mano che tiene alto il ricevitore entra in campo l'altra mano dell'uomo impugnante una pistola,
Danielle fissa l'arma. spianata verso di lei come se non ci volesse credere. Urla impietrita:

DANIELLE
No, Jean! Nooo!

L'uomo viene avanti di un passo e le spara in faccia: nell'ultimo istante di vita Danielle vede nel lampo il volto del suo assassino: è Klaus.

SCENA 111

HALL GRAND HOTEL. INTERNO NOTTE

Il frastuono dello sparo echeggia chiarissimo nel ricevitore che lo sbalordito maitre tiene all'orecchio.

MAITRE
Hallo! Rispondete!

poi sconvolto a Nicole

Ha sentito? Hanno sparato. Una donna. ha urlato un nome... Jean! Ha detto Jean! e poi le hanno sparato!

Nicole strappa il ricevitore dalle mani del maitre e ci grida dentro

NICOLE
Danielle! Danielle che succede?

Ma nessun, rumore viene dal telefono.

MAITRE
La polizia... dobbiamo avvertire la polizia!

Nicole si passa una, mano fra i capelli, sembra, sconvolta, balbetta

NICOLE
Dio mio... Dio mio!

poi corre fuori della hall mentre il maitre chiama la Polizia.

MAITRE
Hallò Polizia! Pronto intervento...

SCENA 112

SALONE CASA JEAN. INTERNO NOTTE

DETTAGLIO: due mani si infilano guanti di pelle, sono le mani di Klaus. Poi una di esse si tende verso il ricevitore telefonico, lo prende e lo pulisce con cura delle eventuali impronte digitali lasciate, poi lo mette in mano a Danielle sdraiata sul letto costringendo la sua mano sinistra ormai fredda a stringerlo forte. Pulisce la pistola e la mette nella destra di Danielle serrandole le dita già rigide intorno al grilletto, mette un cuscino sull'arma e le preme il dito facendole sparare un colpo nel materasso. Rimette il cuscino al suo posto e controlla la scena:

ora Danielle è a terra, morta, col telefono nella sinistra e la pistola nella destra.

Klaus, soddisfatto, si allontana.

SCENA 113

COMMISSARIATO DI POLIZIA. INTERNO GIORNO

Il commissario di Polizia aspira il fumo dal suo sigaro, poi fissa Nicole che gli siede di fronte

COMMISSARIO

Il maitre giura di aver sentito la signora Reynaud urlare i nome di Jean, ossia del marito morto, prima dello sparo.

Nicole sospira, ha un'espressione sconsolata, non dice nulla. Il commissario la scruta e poi sorride

...si vede che lei soffre molto... però adesso può disporre liberamente del patrimonio di Jean Reynand...

Nicole fissa il commissario dritto negli occhi

NICOLE

Ero 1'amante di Jean. L'unica donna che lo abbia fatto felice. Se dopo la disgrazia sua moglie si è suicidata io non c'entro davvero...

COMMISSARIO

Naturale, e lei era al telefono quando "sua moglie" ha deciso di suicidarsi.

NICOLE
Non io, il maitre del Grand Hotel. La signora Reynaud, aveva voluto conoscermi... era molto scossa. Mi faceva pena, Le sono stata vicina come potevo e l'ho consigliata di lasciare quella casa troppo piena di ricordi... Stavo appunto fissandole un appartamento all'hotel quando...

Nicole lascia la frase in sospeso e il commissario la finisce al suo posto,

COMMISSARIO
Quando è tornato Jean e l'ha assassinata. O qualcuno che lei ha creduto che fosse Jean. Perché aveva paura di Jean?

NICOLE (secca)
Se vuole fare il Maigret vada alla televisione. Posso andarmene?

COMMISSARIO
Certo... E buona fortuna.

Nicole alza le spalle alla velata minaccia e se ne va, uscendo dall'ufficio, sicura di sé.

Il commissario la guarda andar via e poi schiaccia pensoso il sigaro sul portacenere.

SCENA 114

AEROPORTO. ESTERNO GIORNO

Un grosso turbojet è pronto a decollare su una delle piste dell'aeroporto. Si ode una voce dagli altoparlanti.

VOCE ALTOPARLANTE
Volo, numero 2 il per Rio de Janeiro senza scalo presentarsi al. cancello numero sei. Ultima chiamata.

I viaggiatori si muovono verso il gate e tra loro c'è Nicole, elegantissima, in tenuta da viaggio, con una grossa borsa di pelle in mano.

SCENA 115

AEREO. INTERNO GIORNO

L'aereo è quasi al completo. Le hostess passano tra le poltrone servendo bustine con tovagliolini profumati e caramelle per il decollo.,

Dal fondo entrano gli ultimi viaggiatori tra cui Nicole.
Uno dei viaggiatori si sta per sedere su una delle poltrone interne ma la mano del viaggiatore che siede in quella. accanto al finestrino entra in campo.

VOCE KLAUS
E' il posto di mia moglie, signora, mi scusi...

il viaggiatore si rialza e si va a sedere altrove.

Nicole si avvicina, sorride a chi sta f.c. e si siede..

NICOLE
Grazie, caro.

Seminascosto da grossi occhiali scuri, Klaus sorride

KLAUS
Tutto bene?

NICOLE
Il commissario sospetta ma non ha prove.

KLAUS
E non le troverà mai: sei stata un genio, tesoro. Adesso siamo ricchi e possiamo godercela.

Nicole sorride appena e precisa con ironica dolcezza

NICOLE
Sono ricca, tesoro... io sono ricca.

Gli occhi di Klaus si induriscono. Il suo volto diventa subito tagliente cattivo:

KLAUS (duro)
Che vuoi dire?

afferra un braccio di Nicole con tale forza da farle male. Nicole guarda la mano che le serra il braccio e poi gli occhi gelidi di Klaus. Sorride sarcastica

NICOLE

Devi imparare ad essere, gentile con me... molto gentile... e non solo perché i soldi sono miei ma anche perché io so che hai ucciso due persone...

Klaus sembra voler strozzare Nicole ma si domina. Lentamente lascia la presa. Nicole gli sorride ancora.

NICOLE

Così, da bravo... e adesso, accendimi una sigaretta, tesoro...

Klaus sfida ancora lo sguardo di Nicole, poi abbassa gli occhi e si fruga in tasca in cerca delle sigarette. Le trova.

VOCE HOSTESS

Si prega di non fumare e allacciare le cinture.

Nicole scosta seccamente la mano di Klaus che le offre le sigarette e il pacchetto cade a terra.

NI COLE

Dopo... sei sordo?

Klaus domina la propria rabbia e si china per raccogliere il pacchetto cadutogli. Nel farlo il suo sguardo cade su un paio di piedi piatti di qualcuno seduto verso il fondo della fila. Alza lo sguardo e in fondo, fingendosi immerso nella lettura, siede il commissario.

Klaus si rialza di scatto mentre Nicole si allaccia la cintura

KLAUS (sibila)
Nicole!

Nicole attraverso lo specchietto nel necessaire, fingere di aggiustarsi il trucco e intravede il commissario. Non sembra troppo turbata e risponde come si farebbe con un bambino testone:

NICOLE
Te l'ho detto Klaus... dovrai sempre essere molto gentile con me.

Klaus ribolle di rabbia.

NICOLE (serafica)
Io non ho fatto niente.

E si abbandona contro lo schienale, socchiudendo gli occhi mentre i motori salgono di giri l'aereo decolla.

Il volto segnato dalla paura di Klaus. Quello pacifico di Nicole.

SCENA 116

AEROPORTO. ESTERNO GIORNO

Il grosso Jet comincia a correre sulla pista e punta rapidissimo verso il cielo fino a sparire nell'azzurro.

Dallo stesso punto ora si ingrandisce fino a riempire lo schermo la parola

fine

Sceneggiature di film gialli dello stesso Autore

https://www.ernestogastaldi.com

sceneggiatura di
Ernesto Gastaldi
LA CODA
DELLO SCORPIONE

LA MORTE
ACCAREZZA
a mezzanotte
script
by
Ernesto
Gastaldi

sceneggiatura
LA
MORTE
CAMMINA
CON
I TACCHI
ALTI
DEATH WALKS
ON HIGH HEELS
script
by
ernesto
gastaldi
seconda edizione

LE FOTO PROIBITE
DI UNA SIGNORA
PER BENE
ERNESTO GASTALDI
Sceneggiatura Originale

MORTE SOSPETTA
DI UNA MINORENNE
SUSPECTED DEATH OF A MINOR

PERCHÉ QUELLE STRANE
DI SANGUE
SUL CORPO
DI JENNIFER?
The case of Bloody Iris
script by Ernesto Gastaldi

soggetto e sceneggiatura di
Ernesto Gastaldi
MILANO ODIA: LA POLIZIA
NON PUÓ SPARARE

L'orribile segreto
del dr. Hichcock
script by
Ernesto Gastaldi

www.ingramcontent.com/pod-product-compliance
Lightning Source LLC
LaVergne TN
LVHW050648100826
845148LV00011B/2032

* 9 7 8 0 2 4 4 2 5 5 5 5 8 *